トクヴィル

平等と不平等の理論家

宇野重規

講談社学術文庫

目次

トクヴィル

凡例

トクヴィルの著作からの引用は、『アメリカのデモクラシー』についてはプレイヤード版全集第二巻（*Œuvres d'Alexis de Tocqueville, II*, Bibliothèque de la Pléiade, Gallimard, 1992)、それ以外のものについてはガリマール版全集（*Œuvres complètes*, Gallimard, 1951—）を底本とし、翻訳は次のものを用いた（ただし、一部訳文を変更した＊）。

『アメリカのデモクラシー』（*De la démocratie en Amérique*）第一巻
松本礼二訳『アメリカのデモクラシー』第一巻（上）（下）、岩波文庫、二〇〇五年

『アメリカのデモクラシー』第二巻
松本礼二訳『アメリカのデモクラシー』第二巻（上）（下）、岩波文庫、二〇〇八年

『旧体制と革命』（*L'Ancien Régime et la Révolution*, *Œuvres complètes*, Tome II, volume 1）
小山勉訳『旧体制と大革命』、ちくま学芸文庫、一九九八年（二〇〇三年第二刷を使用）

『回想録』（*Souvenirs*, *Œuvres complètes*, Tome XII）

喜安朗訳『フランス二月革命の日々――トクヴィル回想録』、岩波文庫、一九八八年

＊文章の流れによる語句の修正以外に、'l'égalité des conditions' の訳を「境遇の平等」から「諸条件の平等」に変更した。「境遇の平等」は、原語の含意を踏まえたうえで採用された優れた訳語であるが、本書では、日本語としての自然さより誤解の少なさを優先し、あえて生硬な「諸条件の平等」という訳語を用いた。

指定のあるもの以外の図版はすべて *Lettres choisies et Souvenirs de Tocqueville*, Gallimard, 2003 による。

アレクシ・ド・トクヴィル（古屋兎丸画）

トクヴィル　平等と不平等の理論家

はじめに

『アメリカのデモクラシー』

アレクシ・ド・トクヴィル（一八〇五〜五九）——英語風に発音するとトックヴィルだが、フランス人だから、やはりトクヴィルの方がいいだろう（英語だと前にアクセントが来る）——という名前を耳にしたことがある人は、少なくないはずだ。

一九世紀フランスの思想家で、『アメリカのデモクラシー』の著者。今から二〇〇年ほど前の一八〇五年に生まれた人物である。名門貴族の三男であったトクヴィルは法曹の道に進むが、理由あって職場を離れ、私費でアメリカ視察の旅に出かけることになる。九ヵ月の滞在の後にフランスに帰国したとき、トクヴィルはまだ二六歳の若さだった。この青年貴族トクヴィルが、アメリカ滞在での経験をもとに三年後に出版したのが『アメリカのデモクラシー』（以下、『デモクラシー』と略）である。

もちろん、この本はただのアメリカ体験記ではない。デモクラシーの発展こそが歴史を貫く根本的な趨勢であるとするトクヴィルは、それがアメリカの政治や社会においてどのような姿をとって現れているのかを具体的に探っていく。アメリカ合衆国社会のもっとも根本にあるタウンシップと呼ばれる基礎的な自治単位から州、そして連邦へと検討を進めるトクヴイルは、さらにアメリカの立法、行政、司法のダイナミックな関係を一つひとつ明らかにする。トクヴィルの観察は制度の考察から出発し、アメリカ社会を実際に動かす結社や言論活動、そして同時代の芸術や哲学にまで及ぶ。最終的にはアメリカ人の「ウェイ・オブ・ライフ（生き方）」までを射程に入れたうえで、アメリカのデモクラシーをそのもっとも包括的な意味において捉え、いわば文明論として論じたのが『デモクラシー』なのである。

ちなみに、この『デモクラシー』は、現代アメリカにおいて、政治家がもっとも好んで引用する著作の一冊となっている。第二次大戦以後のアメリカ歴代大統領は例外なく演説に『デモクラシー』からの一節をおり込んでおり（クリントン元大統領はとくにトクヴィルが好きだったし、オバマ前大統領はトクヴィル研究者に師事した）、まるでトクヴィルに触れずにスピーチをすると、なんだか格好がつかないかのようである。他の政治家も負けじとトクヴィルを引用する。なかには、トクヴィルが聞いたらびっくりするような引用をする人もいるようだ（下院の指導者としてクリントンと対決したギングリッチ元議長は、減税を説いた思想家としてトクヴィルに言及した）。

ブッシュ・ジュニア政権に強い影響を及ぼしたとされる「ネオコン（新保守主義者）」と呼ばれる人たちにとっても、トクヴィルはお気に入りの思想家だ。トクヴィルは、人類の共通の未来であるデモクラシーの真の姿をアメリカに見いだしたと言っているが、どうもその点が、世界にデモクラシーを普及させることがアメリカの使命だと主張するネオコンの人たちにとって好都合だったらしい。ネオコンはともかくとしても、トクヴィルが政治的立場の左右を越えた人気を誇っていることは間違いない。逆にいえば、トクヴィルは、さまざまな政治的立場によって利用されやすい思想家なのである。近年の傾向としては、とくに保守の側での人気が目立つ。

しかしながら、その名前こそよく知られている『デモクラシー』であるが、この本がいったいどのような本なのかということになると、実はそれほど簡単でない。そもそも一九世紀の青年貴族トクヴィルが、わずか九ヵ月あまりのアメリカでの経験をもとに書いた本が、なぜそこまでの影響を持つようになったのか。このこと自体が、不思議といえば不思議である。

当時のアメリカはもちろん、現在の唯一の超大国としてのアメリカではない。合衆国憲法制定（一七八七年）からまだ四〇年あまり、独立宣言（一七七六年）から数えても半世紀をわずかに越えるに過ぎない。建国当初の高揚はすでに過去のものとなったが、その間、アメリカは西部への開拓を進め、フロンティアは西へ西へと拡張していった。とはいえ、未来の超大国を予想するのはまだまだ難しかった頃だ。フロンティアの貧しい家庭に生まれたアンドリュー・ジャクソンが大統領であった時代といえば、多少イメージができるだろうか。いわゆる「ジャクソニアン・デモクラシー」と呼ばれた時代のアメリカを視察した青年トクヴィルの書いた本が（それもトクヴィルのアメリカ旅行の公式の目的は、後で述べるように、刑務所制度の視察だった）、なぜ時代を越えた影響力を持つことになったのだろうか。

『デモクラシー』はけっして読みにくい本ではない。第一巻と第二巻（それぞれ、一八三五年と一八四〇年に出版された）で違いがあるが、とくに第一巻はアメリカの具体的な制度や社会の紹介であり、抽象的な議論を展開しているわけではない（第二巻は、アメリカというよりデモクラシー一般により多く重点を置いており、第一巻に比べ、哲学的色彩が強い）。比較的平易な文体で書かれており、特別な予備知識を持たずに読んでも十分に理解可能である。また、政治家に好んで引用されることからもわかるように、どきりとするような警句や、思わずうなずきたくなるような洞察にみちみちている（トクヴィルには、「大きな政治的破局の経験もなければ、恋愛がいつでもまっすぐ簡単に結婚につながる国には劇の題材がまるでない[1]」といった類の、ある種のユーモアのこもった表現が頻出する）。こういったことも、『デモクラシー』が長く読み継がれた理由の一端になっているだろう。

さらに、トクヴィルが地方自治を高く評価し「自由の学校」と呼んだこと（J・ブライスの「地方自治はデモクラシーの学校」という言葉は、これに由来している）、陪審制や違憲立法審査権など司法の政治的役割に注目したこと、また、自由な結社の活動（今日でいえば、NGOやNPOがそれにあたるだろう）の意義を強調したことも、よく知られている。トクヴィルが、地方自治・司法・結社を含む形でデモクラシーを論じたことは、現代においてデモクラシーを考えるうえで、きわめて重要な意味を持っている。他方でトクヴィルは、デモクラシーの負の側面から目を逸らすこともなかった。彼が、デモクラシーにも「多数の暴政」や「民主的専制」といった危険性があることを警告したことについて、忘れるわけにはいかない。

しかしながら、もし『デモクラシー』が、ただ単に鋭い警句や洞察にみちているというだけならば、他にも本はあるだろう。地方自治、司法の政治的役割、自由な結社の活動についても、その重要性がきわめて高いとはいえ、トクヴィルの名前を出すまでもなく、すでに広く認められているテーマである。さらにデモクラシーがけっして万能ではなく、固有の欠陥や問題性を抱えているという指摘も、それ自体としてはもはや目新しいものではない。そうだとすれば、トクヴィルの『デモクラシー』が今日なお読み継がれているのは、いったいなぜなのだろうか。

トクヴィルの〈思想〉

本書は、トクヴィルの思想が持つ今日的意義を明らかにしようとするものである。しかしながら、ある思想家のアクチュアリティーを強調することは、その思想が生み出された時代の文脈を無視することと同じではないはずだ。本書はむしろ、若きトクヴィルがなぜアメリカに行き、『デモクラシー』を書くことになったのか、そこから検討を始めたい。彼がこのような著作を書かなければならなかったことの背景には、それなりの必然性があったはずである。しかしながら、彼の著作はやがて、それが書かれた時代的文脈を越えて読み継がれるようになる。その理由は、彼の著作の持つ思想の内在的な豊かさに見いだされるべきであろう。彼がその時代的課題と格闘する中で作り上げた諸概念は、やがてそれ自体の運動を開始し、時代を越えた射程を持つようになっていったのである。

本書では、『デモクラシー』だけではなく、トクヴィルの他の著作にも考察の対象を広げることにしたい。すでに触れたように、『デモクラシー』についても、その第一巻と第二巻の間には、かなりのずれがある。研究者によっては、この二巻をむしろ別々の著作として考える人もいるほどだ。しかしながら、本書では、この二巻をあわせて一つの著作と理解し、さらに、トクヴィルの晩年のもう一冊の大著『旧体制と革命』（一八五六年）とともに、全体としてトクヴィルの〈思想〉を形成していると考えたい。また、生前に刊行されることはなかったが、『回想録』（一八九三年）も彼の重要な著作であり、本書においても検討の対象にする。

しばしば『デモクラシー』はアメリカ論、『旧体制と革命』はフランス革命論として理解され、まったく異なるジャンルの著作とみなされている。たしかに、主としてジャクソン大統領時代のアメリカ社会を描いた『デモクラシー』と、フランス革命の原因を革命前の旧体制（アンシャン・レジーム）の変質に探り、旧体制下における権力と社会の構造を分析した『旧体制と革命』とでは、かなり印象が異なることを否定できない。しかしながら、本書の力点は、二つの著作の間の違いよりはむしろ連続性に置かれることになるはずである。そのねらいは、両著作を連続して読むことで、どちらかの本だけを読んでいたときには見えにくかった諸側面を浮き彫りにすることにある。

もちろん、だからといって、これらの諸著作を通じて、トクヴィルの考えにまったく変化がなく、トクヴィルの〈思想〉が一貫した矛盾のない体系であると主張したいわけではない。むしろ、トクヴィルの思考は、その生涯を通じてたえず変化していることを、最初にはつきりと確認しておきたい。しかしながら、その変化を認めてなお、トクヴィルの〈思想〉とでも呼ぶべき、ある思考の方向性を見いだせることを示すことこそ、本書の目指すものである。いわばトクヴィルの〈可能性の中心〉を、できるだけ明確な言葉で表現することが本書の目的なのである。

三つの課題

トクヴィルの諸著作を全体として読み解くことで、本書では以下のことを論じていきたいと考えている。

その第一は、トクヴィルの〈思想〉は、単なるアメリカ論、あるいはフランス革命論としてではなく、近代社会の特質を「デモクラシー」という概念を通じて包括的に説明するグランド・セオリーとして読まれるべきである、ということである。「近代社会」といい、「グランド・セオリー」といい、あまりに大げさで、それだけで時代錯誤の印象を与えるかもしれない。しかしながら、かつてカール・マルクスが階級闘争を軸に歴史の展開を読み解き、マックス・ウェーバーが「合理化」という概念を用いて近代という時代を説明したように、トクヴィルは「デモクラシー」によって、歴史の変化を意味づけ、近代社会の特質を描き出している。その場合、トクヴィルにとっての「デモクラシー」とは、単なる政治体制の種類を意味しない。彼にとって、「デモクラシー」とは、社会状態やそこに暮らす人々の思考や感性のあり方までを含む、一つの社会類型であった（そのため本書では、とくに政治体制として限定的に用いている場合を除いて、「民主政」や「民主主義」という訳語は用いず、あえて「デモクラシー」と表記する）。後で述べるように、彼はこれをもう一つの社会類型である「アリストクラシー」（貴族政、貴族制社会などと訳せるが、同じ理由でカタカナ表記のままにする）と対比している。

その際、トクヴィルは「デモクラシー」の中心に「諸条件の平等」を見いだした。しかし、いったい彼はどのような意味で、近代社会の本質を平等に見いだしたのであろうか。まさにマルクスが、産業化が進む中で富裕化するブルジョワジーと貧窮化するプロレタリアートの階級対立を強調したのと同時代に、なぜトクヴィルは平等という視点にこだわったのであろうか。本書では、トクヴィルが同時代における新たな不平等をけっして見落としていたわけではないこと、にもかかわらず、「諸条件の平等」に着目することではじめて近代社会の根本的な特質を明らかにできると考えていたことを明らかにしたい。人が他のすべての個人を、自分と同じ人間と見なすようになる「デモクラシー」の時代において、なおも不平等は存在する。むしろ、自分には想像もつかない、まったく異質な人間がいることを疑わない「アリストクラシー」の時代とは違い、「デモクラシー」の時代において、人は自分と他者を同質な存在であると考えるからこそ、他者とのわずかな違いにも敏感にならざるをえない。したがって、「デモクラシー」の時代においても不平等は存在するが、「アリストクラシー」の時代の不平等とはまったく異なる意味を持つ。不平等は「アリストクラシー」の時代においてある程度自明視されていたとすれば、「デモクラシー」の時代においてはむしろより鋭敏に知覚される。「デモクラシー」の時代とは、平等と不平等とが、「アリストクラシー」の時代には考えられなかった独自の緊張感をはらんだダイナミズムを生み出す時代なのである。

第二に、トクヴィルは、アメリカにおいて見いだした「デモクラシー」が、「デモクラシー」の唯一のモデルであるどころか、かならずしも最善の「デモクラシー」であるとすら考えておらず、慎重に「デモクラシー」社会の特質と、アメリカ社会の特質とを区別しようとしていたことを確認したい。たしかにトクヴィルは、自分の祖国フランスに比べ、アメリカにおいて「デモクラシー」がはるかに安定した姿を示していると認め、その安定の理由を探ろうとした。その意味で、彼がアメリカの「デモクラシー」を高く評価したことは間違いない。にもかかわらず、同時にトクヴィルは、アメリカがきわめて独特な社会であることも認識しており、したがって、アメリカの「デモクラシー」がどの社会にも等しく適用可能な一般的なモデルであるとは考えなかった。

しかしながら、このことは、アメリカにおいて『デモクラシー』を読むときに、もっとも見失われがちな点でもある。本の冒頭で、トクヴィルかトックヴィルかという、ささいな発音の区別にこだわったのも（しょせん、日本語表記における近似的表現の違いに過ぎないのだが）、実はこのことと関係がある。というのも、今日のアメリカにおいて、トクヴィルは完全にアメリカの著者として扱われている。すなわち、トクヴィルがフランス人という異邦人の目でアメリカ社会を観察し、つねに自分の祖国との対比においてアメリカを理解しようとしていたことが、見失われてしまうのである。トクヴィルがアメリカの「デモクラシー」を賞賛するとき、そこにはフランス人読者に対する戦略的な意図がある（そもそも『デモクラシー』はフランス語で書かれた著作であることを忘れてはならない）。そのようなトクヴィルにとって、アメリカの「デモクラシー」の実践を高く評価する場合にも、それがどこまで「デモクラシー」に一般的なものなのか、あるいは特殊アメリカ的な側面が強いのか、という問題意識がつねに存在した。

「デモクラシー」の特質とアメリカの特質とを区別しようとしたこと、さらにはその作業を通じてアメリカの独特な個性を明らかにしたことは、トクヴィルの『デモクラシー』の持つ大きな意義の一つである。このことは、さまざまなアメリカの制度や発想が「グローバル・スタンダード」化する現代において、とくに重要な意味を持つはずである。というのも、「グローバル・スタンダード」なるものの多くは、しばしばむしろアメリカ的なものに過ぎないからである。仮にそれが世界各国に広く適用可能な場合であるとしても、有効に機能するためには、一定の社会条件を必要とすることが多い。ところが、そのような社会条件は、アメリカでは当然でも、それ以外の場所ではけっして自明でない。したがって、アメリカの制度や発想をアメリカ以外の場所に移し替えるとき、それらを支える諸条件があるかどうか、またそれがないとしたら、他の条件によっていかに代替するかを検討しなければならない。その前提として、まずアメリカ社会の特質をはっきりさせておく必要があるだろう。

第三に、トクヴィルが未来の社会構想のために、いかなるヴィジョンを提示しているのかを明らかにしたい。すでに指摘したように、トクヴィルは政治的立場における左右のいずれにおいても人気を持つ思想家であるが、とくに近年では、保守の側での人気が高い。その原因としては、トクヴィルが革命を好まず、それぞれの社会において伝統的に形成された制度や習俗を重視していること、さらに、社会の個人主義化に対し警戒的であり、社会的紐帯（きずな）の回復を重視したこと、さらに、諸個人が卑近な物質的・利己的な欲求に埋没し、社会の公共的問題に対し無関心となることを批判したことがあげられよう。これらはたしかにトクヴィルの思考の重要な一側面である。しかしながら、詳しく検討してみると、これらの点に関しても、トクヴィルの議論はかなり微妙である。この微妙な部分を無視して、ある一定の側面のみを過度に強調すれば、トクヴィルは失われつつある伝統をおしむノスタルジックな思想家ということになってしまうだろう。

これに対し、本書ではむしろ、ラディカルな民主主義者としてのトクヴィル像を描きだしたい。たしかにトクヴィルは失われつつあるものへの哀悼の気持ちを強く持った思想家である。「過去はもはや未来を照らさず、精神は闇の中を進んでいる[2]」というトクヴィルは、たしかに過去からの伝統が消滅することで、自分たちがいまやきわめて見通しの悪い時代を生きていることを、不安やとまどいとともに、正直に語っている。しかしながら、トクヴィルは同時に、「すべてが新しい世界には新たな政治学が必要である[3]」と宣言する。たしかに自分たちは参照すべき基準のない時代に生きている。しかしながら、そこで思考不能に陥って、いたずらに過去ばかりを見ているわけにはいかない。むしろ参照すべき基準のない時代において、いかに自分たちで自分たちの社会のあり方を見つめ、その未来を決めていくことができるか。そのような使命が「デモクラシー」に課せられているのである。これこそが、トクヴィルが『デモクラシー』に託したメッセージであった。

トクヴィルは「デモクラシー」という言葉の意味を、伝統的な使用法を越えて拡張した。すなわち、王政・貴族政と並ぶ政治体制としての民主政《デモクラシー》という言葉を、社会状態や人々の思考や感性のあり方までを含む、一つの社会類型として用いた。レイモン・アロンが論じたように（『社会学的思考の流れ』）、トクヴィルが社会学の先駆者の一人とみなされるようになったのも、このことに起因している。しかしながら、他方でトクヴィルが多様な意味を包括する際に選んだ「デモクラシー」という言葉が、政治学のもっとも伝統的な語彙であったということも忘れてはならない。彼は、すべての問題が最終的には「デモクラシー」に帰着するとした。自由の問題も、経済的・社会的不平等の問題も、最終的には「デモクラシー」の枠組みの中で解決していかなければならないと考えたのである。

それでは、トクヴィルはいったいどのようなあるべき「デモクラシー」のヴィジョンを提示したのだろうか。このことが、本書の最後の課題となる。

第一章ではまず、アメリカに旅立ち、『デモクラシー』を執筆するまでのトクヴィルの生涯を見てみることにしよう。

第一章　青年トクヴィル、アメリカに旅立つ

1　生まれた時代と家庭環境

『赤と黒』の時代

トクヴィルが生きたのは、どのような時代だったのだろうか。

それを知るために参考になるのが、スタンダールの『赤と黒』（一八三〇年）である。「赤」は軍人、「黒」は聖職者を指すともいわれるこの本の副題は、「一八三〇年の年代記」である。そこで描かれているのは、この小説が書かれた時点から見てその直前の時期にあたる一八二〇年代、すなわちフランスの歴史区分でいえば王政復古の時代である。この時期、フランス革命によっていったんはフランスから追われたブルボン家の王政が一時的に復活していた（一八三〇年の七月革命で再度、崩壊する）。ちなみに、トクヴィルがアメリカに旅立ったのは一八三一年である。そうだとすれば、アメリカに旅立つ前のトクヴィルが生きた時代と社会を知るために、『赤と黒』以上に格好な素材はない。

スタンダールはこの小説の中で、この時期のフランスの政治・社会状況を描こうとしている。この時代背景を抜きに『赤と黒』を読めば、貧しい家庭に生まれた野心的な青年ジュリ

アン・ソレルの野望と破滅を描いた物語ということになるであろう（ちなみに、ソレルは架空の人物であるが、トクヴィルとほぼ同世代にあたる人物として設定されている）。もちろん、このようなあらすじ自体は間違っていないし、そのような小説として読んでも十分に興味深いだろう。が、軍人として出世にあこがれ、それがかなわぬと見るや聖職者の道を目指し、女性を踏み台にしても社会的上昇をはかるソレルの生き方を、単に彼個人の性格によるものと考えるならば、いまひとつ、感情移入は難しいかもしれない。しかしながら、このような野心は、けっして彼個人だけのものではなかった。実は、時代の空気こそが、この小説の真の主人公なのである。

それでは、時代の空気とはいったい何か。ちなみに『赤と黒』の解説などには、反動的で憂鬱な社会とか、抑圧的な社会という表現がしばしば見られる。たしかに、革命によって王座から追われたブルボン家の復辟《ふくへき》とともに、亡命していた貴族たちが帰国し、失った財産や特権を回復しようと狂奔した復古王政の時代は、反動と呼ばれるにふさわしい時代であった。彼らはまさに、革命以前の社会への復帰を願ったのである。

とはいえ、いったんフランス革命とナポレオン帝政を経験したフランス社会が、完全に過去へと逆戻りすることなど、実際問題として不可能であった。一見したところ「反動的」で「抑圧的」な社会の至る所に、革命とナポレオンの記憶が残されていたからである。ちなみに、『赤と黒』を読んでいると、しばしば「自由主義者《リベロー》（自由派）」という言葉に出会う。この「自由主義者」とはいったい誰なのか。小説を読む限り、「自由主義者」とは、小説の舞台となるフランシュ＝コンテの田舎町の有力者たちにとって、何かしら良からぬ連中、あるいは秩序紊乱者《ちつじょびんらんしゃ》といった人々を指すようである。政治史的に言えば、復古王政期の「自由主義者」とは、政権に批判的な当時の野党勢力の総称にほかならない。とくに「過激王党派（ユルトラ）」の首領であったアルトワ伯がシャルル一〇世として即位し、体制の反動的色彩が強くなって以後、この「自由主義」勢力の動きも活発化する。しかしながら、より小説の空気に即していうならば、「自由主義者」とは特定の党派を指すというより、フランス革命とナポレオンの栄光の記憶を胸に、改革主義的な気運をかきたてる人々というニュアンスが強い。

実際問題、当時のフランス社会において、そのような不満分子の予備軍が大量に存在したことは間違いない。フランス革命の結果、それまでの旧体制下においては考えられもしなかった社会的上昇の機会を得た野心的青年たちは、ナポレオンとともに軍事的成功と栄光を経験し、その没落とともにさらなる社会的上昇の機会を失うことになった。彼らは田舎町に戻った後も、当然のことながら、伝統的な社会の復活を歓迎せず、そこに不穏な空気をまきちらすことになる。ナポレオンの記憶とは、社会的上昇の記憶、社会変動と流動化の記憶でもあった。復古王政期とは、多くの人々にとって、生まれ育った環境を脱し、今の自分とは違う自分になれるという夢によって特徴づけられる時代であった。彼らは、そのような夢を一度は現実のものとして経験し、そして今も潜在的にその回復を願っている。したがって、ソレルの愛読書が、ルソーの『告白』と、ナポレオンの戦報集録、そして『セント＝ヘレナ日記』であったというのは、この時代の気分というものをよく象徴している。それらはまさに、新しい時代の想像力の強力な源泉であった。

もちろん、現実に古い身分制が完全に崩壊したわけではない。しかしながら、人々の想像力はもはや後戻りできないほど変化していた。人はいまや、違う自分になる夢を見ることができるのである。その場合、それが現実にどれほどの可能性があるかは、かならずしも重要ではない。肝心なのはそのような想像力がリアルなものとして、多くの人々に受け止められたということ、それ自体である。そのような想像力の出現こそが、この時代をそのもっとも深い部分で突き動かしていたのである。

家庭環境

このような時代の空気のなかで考えてみると、トクヴィルの生まれた環境は、きわめて特異なものであったと言わなければならない。すでに触れたように、トクヴィルは由緒ある名門貴族の家系に生まれた。その先祖はウィリアム征服王によるノルマン・コンクエストにまで遡ることができるという。ノルマンディー地方に根を下ろした一族は、他の有力な家系とも結びつき、さらに発展していった。ちなみにトクヴィルの母方の曾祖父は、革命前には啓蒙思想家の庇護者として知られ、革命後には逆にルイ一六世の弁護人をつとめて処刑された司法官マルゼルブである。またロマン主義作家として知られるシャトーブリアンも、近い親戚にあたる。さらに遠縁にあたるモレは、後に七月王政期に首相をつとめ、政治家になったトクヴィルに支援の手を差し伸べることになる。

　トクヴィルの両親であるが、父エルヴェは若き貴族であった頃、むしろ革命に共感を寄せていたという。ところが、マルゼルブの孫娘ルイーズと結婚したばかりの彼は、やがてその妻とともに投獄されることになる。マルゼルブの係累であることから、ジャコバン独裁下の恐怖政治にまき込まれたのである。マルゼルブらが次々に処刑されるなか、彼自身もその家族とともに断頭台に送られる直前、ロベスピエールの没落であやうく難をのがれた。しかしながら、その傷跡はあまりにも深かった。恐怖の結果、エルヴェの髪は一夜にして真っ白に変わり、ルイーズの不安定になった精神は生涯回復することがなかったという。家族の雰囲気は暗く、つねにルイ一六世への追悼の記憶にみちみちていた。トクヴィルはこのような家庭の三男として生まれ、アレクシと名づけられた。一八〇五年のパリのことである。ナポレオンの帝政下、ナポレオンの帝政が始まったのは、彼が生まれる一年前のことであった。

トクヴィルの父エルヴェ

　このようなトクヴィル家にとって、一八一四年のナポレオンの没落とブルボン家の復辟は、大いなる希望の源泉であった。実際、エルヴェは王党派の知事として活躍することになり、アレクシもまた父に連れられ、その赴任地を転々とすることになる（後年トクヴィルは、『デモクラシー』執筆に際して、とくに行政上の知識をめぐって父エルヴェに情報提供を依頼している）。エルヴェは実際的な人間であり、知事としても有能であった。と同時に、彼のブルボン家への忠誠は生涯変わることがなかった。トクヴィルの家族および親戚はいずれも、当時の政治勢力でいえば、「過激王党派」という、超保守派に属していた。長兄イポリット、次兄エドゥアールはともに軍人の道に進んだ人物であるが、親戚であり生涯親友であったルイ・ド・ケルゴルレともども、王党派の一員として知られていた。

すでに指摘したように、復古王政期とは、社会の土台が完全に変化しているにもかかわらず、その表層においては、一見したところ旧体制が復活したかのような時代であった。しかしながら、現実には、復古王政の軍事や行政は、ナポレオン期に登用された軍人や官僚たち抜きには、もはや成り立ちえなかった。したがって、復古王政の政府と社会とは、実は新旧の人材が複雑に入りまじったものであった。にもかかわらず、その新と旧は、けっして融合することなく、むしろ社会の中に緊張を生み出す原因ともなっていた。そんな社会にあって、ブルボン家とカトリックを奉じるトクヴィル家は、まさに旧時代の空気を濃縮したような家庭であった。

このような社会にあって、旧勢力のただ中に生まれた人間はどのような態度を取りうるだろうか。一つは、時代の変化に目を背け、ひたすら古い時代の空気の中に浸りきるというものである。実際には見たこともないルイ一六世の思い出を語り続けた母ルイーズなど、そのタイプかもしれない。次に、むしろ激しく新時代の傾向と対決し、積極的に「反動」の立場を取る選択肢もありうる。すでに触れたように、トクヴィルの父や兄弟たちは「過激王党派」に属し、とくに長兄イポリットは七月革命後もブルボン家への忠誠を維持した「正統王朝派」として知られることになる。第三に、逆に、このような旧時代的環境に反逆し、むしろそれと対抗する新時代の側に身を投じるという選択もありうる。

しかしながら、トクヴィルは、このいずれの態度もとらなかった。後で述べるように、トクヴィルの鋭敏な精神に、時代の変化を看過することなど不可能であった。やがてトクヴィルは、少なくとも知性のレベルにおいて、この変化を「正しい」と認めることになる。したがって、第二の反発という態度もまた、トクヴィルには選択できなかった。それでは、第三の、むしろ自分の生まれ育った環境と対決するという選択肢は、どうであろうか。だが、この道もまた彼の選ぶところではなかった。そのような選択をするには、トクヴィルの、その家族に対する愛着はあまりにも強かったのである。彼は兄弟・親戚との密接な交流を、それがしばしば彼に困惑とトラブルをもたらしたにもかかわらず、生涯絶やすことがなかった。それればかりではない。彼は『デモクラシー』の執筆に際し、たえずその家族に草稿を見せ、その意見を聞いている。とくに親戚であり幼なじみであるケルゴルレは、トクヴィルにとってつねに重要な読者であった。『デモクラシー』が想定した最初の読者たちが、彼ら元貴族の「反動」勢力であったということは、記憶にとどめておく必要があるだろう。

それではトクヴィルは、旧時代と新時代の対立のなか、いかなる態度も選択することができなかったのであろうか。もちろん、そうではない。結論を先取りすれば、彼はきわめて独特な態度を選んだのである。そして、そのような彼の選択こそが、『デモクラシー』執筆の最大の原動力になるのだが、そのことはもう少し後で述べることにしたい。

受けた教育

次に、トクヴィルが受けた教育について見ておこう。彼が家付きの家庭教師であるルスィウール師から受けた教育は、きわめて伝統的なものであった。親子二代にわたってトクヴィル家に尽くしてきたこのカトリック聖職者は、かつての教え子の三男にとくに期待を寄せ、愛情を注いだ。トクヴィルもまたこの老師に深い親愛の念を抱き、後年の話であるが、アメリカ滞在中にその師の死の知らせを受けた際には、大きな衝撃を受けている。ルスィウール師がトクヴィルに教えた主たる内容は、古典と宗教であった。ちなみに、この時代のフランスは教育制度の激変期であり、グランゼコールなど、今日なおフランスを特色づける独自の教育機関の多くがこの時期に設立されている。フランス革命後の共和派にとって、公教育制度の確立は共和国の基礎としての役割を担うものとして期待された一大事業であった。実際、共和派の指導者たちの多くは公教育制度の構想作りに尽力しており、そのプランの多くは、その後のたび重なる体制転換にもかかわらず、次第に実現されていった。そのことを考えると、トクヴィルの受けた教育が、このような時代の流れとはまったく切り離された、旧式なものであったことがわかる。トクヴィルと同世代の思想家や学者、たとえば社会学の祖として知られるオーギュスト・コント（一七九八年生まれ）などが、まさに新しい教育制度によって生み出された人材であるのと、きわめて対照的である。ちなみにコントが学んだエコール・ポリテクニック（理工科大学校）は、ギリシア語やラテン語を中心とする伝統的な教育機関に代わって、軍事・技術・産業にまつわる総合的な科学教育を行う機関として、一七九四年に数学者モンジュの発案によって設立されている。

10歳頃のトクヴィル

さて、この年老いた家庭教師の、愛情深い、しかしながらきわめて伝統的な教育を受けた後、トクヴィルは父エルヴェの赴任地であるメースに送られ、そこの高校《リセ》（コレージュ・ロワイヤル）で勉強を続けることになった。彼はこの学校において、修辞学などで優秀な成績を修めている。しかしながら、メースの知事官舎で少年期を過ごしたトクヴィルにとって何よりも重大であったのは、父の書斎でのある経験であった。後年、彼はそれを知人であり、有名なサロンの女主人であったスヴェチン夫人宛の書簡に「私の人生に深い痕跡を残した青年時代の一事件」と書いている。はっきりとしたことはわかっていないが、トクヴィルは父の書斎で蔵書を読みふけるうちに啓蒙思想家の著書に行き当たり、その読書から「全般的な懐疑」が彼の精神のうちに入り込んだ、というのである。トクヴィルの父の蔵書リストから見て、そこにヴォルテール、モンテスキュー、ビュフォン、ルソー、マブリ、レナールらの著作が含まれていたのは間違いない。

トクヴィルは父の書斎でいったいどのような経験をしたのだろうか。たしかなことは、そこでの読書を通じて、信仰に対する懐疑が生まれ、さらには自らの出身である貴族階級の未来に対する不安を抱いたことである。寛容を説き、宗教的独断に対して激しい戦いを繰り広げたヴォルテール、あらゆる政治的・経済的・社会的な不平等の起源を問い直したルソー。彼らの本を読むことが、若く感受性に富んでいたトクヴィルの精神に与えた衝撃を想像することは難しくない。トクヴィルは後年「死、病気、懐疑」を、人生におけるもっとも大きな不幸としてあげている。

2 知的遍歴

トクヴィルと懐疑

ここで、トクヴィルにとっての懐疑の問題について触れておきたい。すでに触れたように、フランス革命の衝撃を受けた旧貴族たちにとって、すがるべき対象はブルボン家とカトリックであった。いったんはその地位と財産を失った貴族たちの間には、ある種の「宗教覚醒」が見られたが、そのような環境にあって、トクヴィルの抱いた信仰への懐疑は、私的にも公的にも不幸の原因であった。トクヴィルは後にルスィウール師に対し、「私は依然として信仰を捨ててはいませんが、宗教的実践はしていません」という告白をしているし、その死の直前に至るまで、彼個人の信仰心はついに確固たる安心を得ることがなかった。トクヴィルは最終的に棄教することこそなかったが、かといって疑いのない信仰心を持つには程遠かったのである。彼は深く宗教の意義を信じ、その必要性を疑わなかったが、そのことと特定の信仰を持つこととは、まったく別であった。

このことは、ただ単に彼の個人的な信仰心の悩みにとどまる問題ではなかった。というのも、フランス革命にとってカトリック教会は最大の敵の一つであり、一九世紀フランス政治史・思想史の一つの焦点は、カトリックと反カトリック勢力の対立にあったからである。したがって、カトリックへの態度決定は、すぐさま政治的な意味を持った。カトリックと反カトリックのいずれの側に立つこともできないとすれば、この時代の政治状況において、それだけでもあいまいな印象を与えることになったのである。トクヴィルにとって、突きつけられた問いに対し自分なりの答えを持つことは、喫緊の思想的課題であった。実際、トクヴィルは『デモクラシー』と『旧体制と革命』において、彼なりの解答を示すことになる。

しかしながら、ここで注目すべきは、トクヴィルが自らの信仰への懐疑の思いを、さらに普遍的な問いへと昇華していったことである。トクヴィルにとっての懐疑とは、自らの生まれ育った世界の自明性が損なわれ、拠って立つべきものが見失われる経験であった。このような経験は、トクヴィルの世界観を決定することになった。光のない闇の世界をさまよい、行方もわからぬまま濁流に押し流されているというメタファーは、『デモクラシー』を貫く基本的なイメージとなる。「われわれは急流の真っ只中にとり残され、岸辺になお見える残《ざん》骸《がい》にかたくなに目を据えているうちに、流れにひきこまれ、後ろ向きのまま深淵に向けて押し流されているのだ(1)」。

したがって、トクヴィルにとっての懐疑とは、「我思う、ゆえに我あり」というデカルトの方法論的懐疑ではなかった。デカルトの懐疑が、いかなる伝統の権威もまた単なる思い込みや先入見に過ぎないのではないのかと疑うことで、より厳密な認識を得るための方法であったとすれば、トクヴィルの懐疑は、方法というより、彼の具体的な生活環境に由来する実感であった。トクヴィルはやがて懐疑を近代的人間の一つの本質であると考えるようになる。しかしながら、懐疑は人にたしかな知を与えてくれるよりはむしろ、不安、苦しみ、孤独へと導くものであった。懐疑こそが自然な時代にあって、人はいかに信念を持ちうるか。あるいは、そもそも近代的人間に信念を持つことなどできるのか。このように感じるトクヴィルにとって、デカルトではなくパスカルこそがなじみ深い思想家となっていった。実際、トクヴィルは『デモクラシー』執筆時、つねに座右に置いた本の著者として「モンテスキュー、ルソー、パスカル」をあげている。数学者であり、かつキリスト者でもあったパスカルが護教論として構想した『パンセ』は、聖書の権威にすがるのではなく、あくまで理性に立脚した上で、懐疑を退け信仰に至ろうとする人間の真摯な模索であった。トクヴィルの目に映ったパスカルは、「知力の限りを尽くして造物主の最奥の秘密を明らかにしえた(2)」人物であった。神を見失った時代に、人間はいかに自らを越えた存在を見いだすことができるか。この課題を問うことは、同時に人間の認識能力の限界を問い直すことでもあった。このようなパスカル的思考法は、トクヴィルのあらゆる著作に見いだすことができるだろう。

法曹の道へ

メースの高校を卒業したトクヴィルは一つの選択をする。古い武人貴族の家系の末裔として、トクヴィル家の男子は軍人の道を選ぶのが普通であった。にもかかわらず、トクヴィルはあえて法曹の道を選択し、パリ大学法学部に進学したのである。トクヴィルはその生涯においてたびたび、その家族の〝常識〟に反する選択をしているが、そのような選択はおそらく、彼なりにその古い家系のしがらみからの独立を目指したものとして理解できるだろう。生涯、その家族との縁を決定的に切ることのなかったトクヴィルにとって、それは一種の〝抵抗〟であったのかもしれない（ちなみに、トクヴィルが後年、その結婚相手として選択したのは、フランス人ではなくイギリス人、しかも貴族ではなく中産階級出身のメアリー・モトリーであった）。それはともかく、トクヴィルが法曹の道を選択する一つのきっかけとなったのが、曾祖父マルゼルブであったことは間違いない。王の検閲に対して啓蒙思想家を擁護する一方で、革命によって王が裁判にかけられた際には、あえてその弁護の役を買って出たマルゼルブは、トクヴィルにとって、自分の生まれに対する誇りを呼び覚ましてくれる

メアリー・モトリー

存在であり、自由に奉仕するその生き方は、一つのモデルを示すものでもあった。

しかしながら若き法律学生としてのトクヴィルは、未来の〝大思想家〟の片鱗を遺憾なく発揮したというわけではない。むしろ、法律の勉強はいたって退屈なものであったようだ。その一因には、時のヴィレール内閣が反動的政策の一環として導入した大学教育改革があったのかもしれない。パリ大学法学部には、元々王党派が多かったのだが、この時期次第にむしろ「自由派《リベロー》」の拠点になりつつあった。このことに危惧の念を抱いた時の政権は、法学部における教育を実定法に限定し、関連する人文社会系科目を排除してしまった。しかしながら、メースのコレージュ以来、歴史に強い興味を示し、とくにイギリスとフランスをはじめ、ヨーロッパ諸国家間の比較歴史研究に関心を持っていたトクヴィルにとって、このような改革は歓迎するところではなかった。

トクヴィルはパリ大学での勉強を終えた後、ヴェルサイユ裁判所の判事修習生になる。しかし、トクヴィルはこの職務に対してもあまり興味を見いだせなかったようだ。むしろこの判事見習い時代のトクヴィルにとって重要だったのは、その生涯にわたる親友を得たこと、そして独自に歴史の勉強を続けたことであった。ギュスターヴ・ド・ボーモンはトクヴィルの遠縁にあたる青年貴族であったが、この時期判事補となったトクヴィルと裁判所の同僚となる。二人を結びつけたのはまず家庭環境の近さであった。しかし、それ以上に重要だったのは、両者の性格の補完関係である。トクヴィルとボーモンはやがてともにアメリカに旅立ち、その後の人生においてもしばしば同志的関係に立つことになる（二人はともに政治家の道を歩んだ）。とはいえ、多くの同時代人が指摘するように、彼らの性格はむしろ対照的であった。トクヴィルがどちらかといえば神経質で内向的な性格であったのに対し、ボーモンは陽気で社交的であった。マルクスとエンゲルス（あるいはホームズとワトソン？）のパートナー関係が、強烈な知的・精神的な個性を持つものの、性格的には奇矯な部分があり世事に疎い人間を、よりバランスがとれ世間的な能力を持つ人間が支える、という関係であるとすれば、トクヴィルとボーモンの関係はこれと少し違う。少なくともその関係の初期において、むしろボーモンの明るく強いパーソナリティーが、おとなしく繊細なトクヴィルにとって、社会への防波堤であると

ギュスターヴ・ド・ボーモン

同時に外界への窓口になったようである。

ギゾーの文明史講義の衝撃

二人の勉強にとってきわめて重要だったのが、フランソワ・ギゾーの文明史講義である。フランスで少数派のプロテスタント（ユグノー）の家庭に生まれたギゾーは、革命中に父親を処刑され、国外での亡命生活を余儀なくされた。しかしながら、ナポレオン帝政時代に帰国して以降、学者・政治家として次第に頭角を現していく。七月革命後、オルレアン朝のルイ＝フィリップによるブルジョワ王政において長く首相や閣僚を務めた結果、政治家としての印象が強いギゾーだが、彼は同時に優れた歴史家・思想家でもあった。ソルボンヌ大学における彼の講義は同時代において非常な名声を得るとともに、その後、日本においても、福《ふく》沢《ざわ》諭《ゆ》吉《きち》の『文明論之概略《ぶんめいろんのがいりゃく》』などに大きな影響を与えたことで知られている。このギゾーの『ヨーロッパ文明史』、『フランス文明史』といった講義について、トクヴィルは聴講するか、あるいは少なくとも講義ノートを手に入れて読んでいる。このギゾーの文明史講義がトクヴィルに与えた衝撃は非常に大きかった。

それでは、そもそも文明史とはいったい何であったのか。これは西欧の歴史学の伝統において現れた一つの革新的な歴史叙述スタイルのことであり、伝統的な政治史中心の歴史叙述に代わり、法律・政治・経済・社会・文化などの諸要素を「文明」の概念の下に統合し、この文明の発展として歴史をグローバルに説明するものである。ギゾーの一連の講義はまさしくこの文明史のスタイルをとっていた。彼はヨーロッパの個々の国家やその出来事を論じるのではなく、ヨーロッパ文明総体の歴史的発展を問題にする。歴史の主人公は個々の政治家や軍人ではなく、文明それ自体なのである。

それでは、ヨーロッパ文明史を突き動かすダイナミズムは何に由来しているのか。ギゾーによれば、その原因はヨーロッパが過度に統一されることなく、つねに多元的であったことにある。とくに重要なのが世俗権力と宗教権力の分立であり、さらに世俗権力もまたつねに多元的であったことである。過度に統一された社会はむしろダイナミズムを持たず停滞する。文明の発展の契機は、多元的な要素が競い合うなかからこそ生まれるからである。福沢をして瞠目させたこのギゾーの洞察は、トクヴィルにとっても、歴史を統一的に見る視点を与えてくれるものであった。ギゾーは巨視的な視点から、ヨーロッパ史における階級闘争、封建制の崩壊、中央集権化、自由の発展を躍動的に説明していく。そのようなギゾーにとって、フランス革命もまた突発的な事件ではなかった。それはむしろ、一方における自由の発展と、他方における中央集権化という、歴史を貫く二つの趨勢の間の弁証法的関係によって突き動かされるヨーロッパ史の一つの到達点にほかならなかった。

このようなギゾーの講義は、現在を歴史的な展開から理解し、その歴史的な展開を諸国家間のダイナミズムから捉えることに関心を持っていたトクヴィルにとって、まさに求めていたものであった。と同時に、自分の生まれた貴族身分の運命やフランス革命とその後の展望について思い悩んでいたトクヴィルにとって、思考の一つの方向性を示唆してくれるものであった。もちろん、トクヴィルの歴史観がギゾーのそれとまったく一致するわけではない。人民主権でも君主主権でもない「理性主権」を標榜し、ブルジョワ王政の中核的指導者として活躍したギゾーと、「デモクラシー」の発展を必然としつつも、フランス・ブルジョワジーの政治的能力にきわめて懐疑的であったトクヴィルとでは、政治的にも道を違えることになる。しかしながら、それにもかかわらず、トクヴィルの思考法に最初に基本的な枠組みを与えたのがギゾーであったことは無視できない。トクヴィルはギゾーの講義によってはじめて、多様な諸要素の複合的連関として社会を捉え、社会の現状を歴史的なダイナミズムの結果として考える視座を得たのである。トクヴィルは後に、この視座を用いてアメリカ社会を分析することになるであろう。

アメリカ視察旅行へ

さて、一八三〇年七月二七日から二九日にかけて、パリでは「栄光の三日間」と呼ばれる、市民、労働者、学生らによる蜂起が起きた。直前の選挙で「自由派」が躍進したことに対し、シャルル一〇世の政府はさらなる反動的施策によって対抗しようとしたが、それへの不満が爆発したのである。この事件の結果、ブルボン朝は倒れ、オルレアン家のルイ＝フィリップが新たに王位についた。元々シャルル一〇世の政府に批判的であったトクヴィルは、王の没落には同情しなかったものの、新たな王朝の誕生に対してもやはり微妙な感情を持たざるをえなかった。さらに、新王朝は司法官に対しても忠誠の宣誓を要求したが、これはトクヴィルにとっては一つの試練となった。彼は苦渋の判断の結果、ブルボン家への忠誠を求める親族からの圧力を退け、オルレアン朝への忠誠を宣誓したのである。

この頃までに、トクヴィルはすっかり司法官としての自分の将来をあきらめかけていた。シャルル一〇世派と見なされることは心外であるが、かといってオルレアン朝に対し熱烈な忠誠心を持つこともできない。そもそもこの職業が自分に合うとは思えない。ここでトクヴィルが、彼と同じような立場にあったボーモンとともに構想したのが、アメリカ視察旅行であった。これは裁判所の仕事を休職し、アメリカの刑務所制度について、費用は自己負担で視察を行うというものであった。当時、刑務所制度の近代化に関する議論が高まっていたことが、その口実となった。しかしながら、トクヴィルにとって本当に肝心であったのは、現在の職場を離れること、そしてかねてから関心を持っていたアメリカに実際に行ってみることであった。

この提案は大臣の受け入れるところになった。トクヴィルとボーモンは一八ヵ月の休暇を得ることに成功し、一八三一年の四月二日、その家族に見送られ、ノルマンディーのル・アーヴル港から旅立った。三八日間の航海の後ニューヨークに上陸した二人は、以後九ヵ月間にわたり（アメリカ視察のための休暇は後に短縮を余儀なくされた）、活発にアメリカ社会の調査を進めることになる。ニューヨークやボストンなどに腰を落ち着けて多くの政治家・実業家・専門家などとの面談や施設の見学を行ったほか、北西部・カナダ、およびミシシッピーを下り南部へと、二度にわたり大旅行を敢行している。二人はフランスから多くの紹介

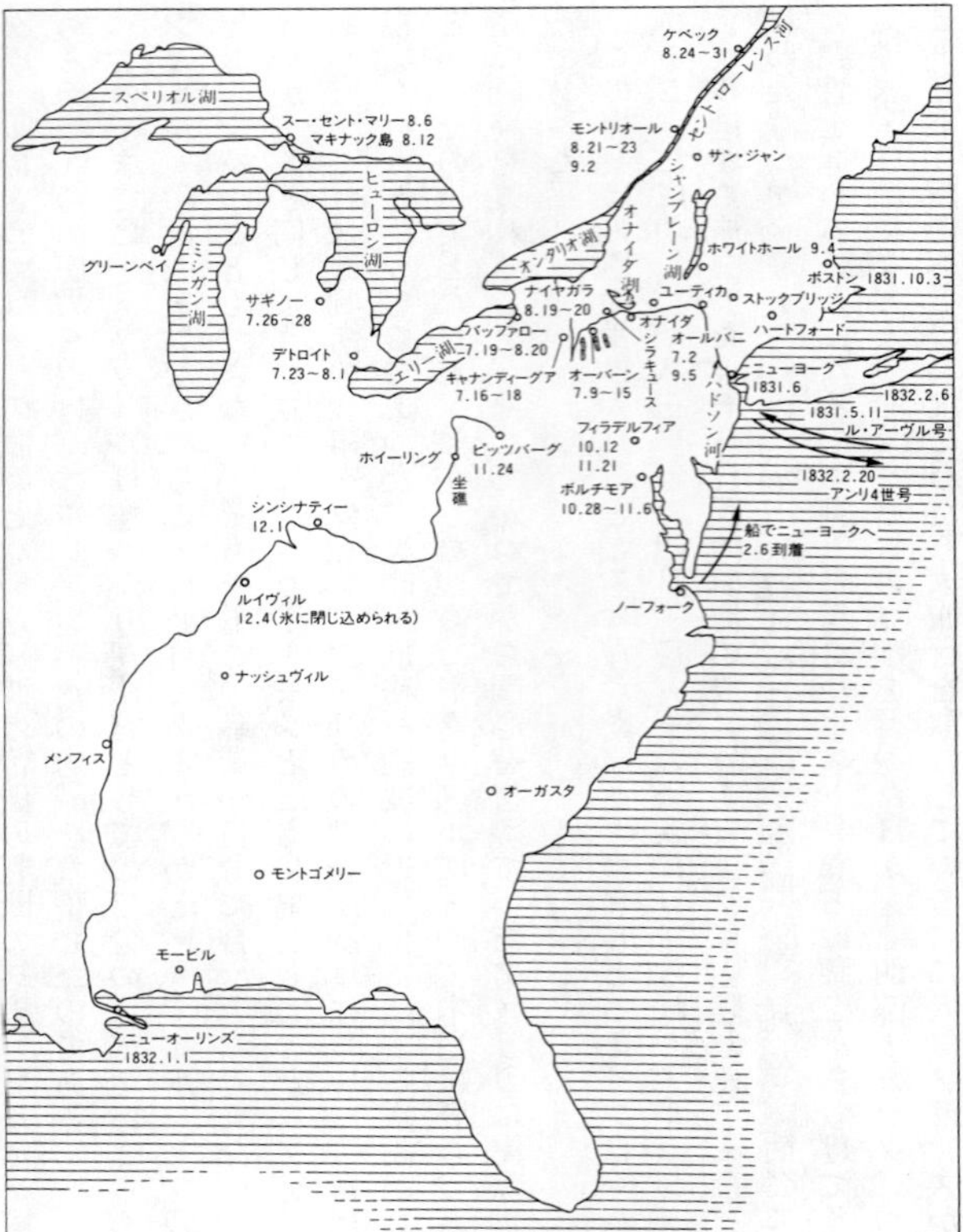

アメリカ旅行
（アンドレ・ジャルダン『トクヴィル伝』，晶文社，1994年）

状を持って行ったが、その多くは不要に終わったという。というのも、二人のフランス貴族青年に対し、アメリカ社会は非常な歓迎ぶりを示したからである。アメリカ合衆国はイギリスから独立したが、フランスもまた長くイギリスとライバル関係にあった。結果として、フランスはアメリカの独立に対し好意的であり、ラ・ファイエットらリベラル派の貴族が独立戦争に参加したこともあって、両国の関係は友好的であった。後にアメリカが次第にヨーロッパとの距離を置くようになるにつれ、フランスとの関係も微妙になっていったが、初期の友好の記憶はこの時期にはまだ残っていたのである。それに加え、フランスから刑務所制度を視察するために若き青年貴族がやってきたということは、それ自体、アメリカ人の自尊心をくすぐるものであった。

二人は日々調査を行い、ノートをまとめていった。彼らの関心は刑務所制度に限定されなかった。彼らはむしろギゾーの方法論にならい、アメリカの諸制度と社会の総体を捉えようとした。もちろん、彼らの調査は網羅的なものではない。二人が主に滞在したのはニュー・イングランドをはじめとする北東部であり、南部や西部は駆け足で通り過ぎただけである。アメリカ社会の地域的多様性を考えると、彼らが見たアメリカは、きわめて限られた一部に過ぎなかったと言えよう。このことは、主にニュー・イングランドをもってアメリカの本質と見る『デモクラシー』の、ある種の〝偏り〟をもたらす遠因となった。また彼らの関心が政治・社会・文化・風俗に厚く、経済に薄かったこともたしかである。しかしながら、そのような限界を持ちつつも、ともかく彼らが実際に多くのアメリカ人と会い、場所を訪ね、ノートを取ることを通じて、その思考を一歩一歩前進させて行ったことは間違いない。

3 『デモクラシー』執筆まで

フランスにとってのアメリカ

ここで、トクヴィルがなぜアメリカを自らの研究対象として選んだのかを考えてみたい。そのためにはまず、一九世紀初頭のフランス人にとって、アメリカがいったいどのような存在であったのかを振り返る必要がある。

すでに触れたように、イギリスとの対抗関係もあり、新生共和国としてのアメリカに対するフランスの見方はかなり好意的であった。また、フランクリンやジェファーソンらアメリカ建国の父たちが、パリの知的サークルにおいて大いに歓迎されたことも重要であった。しかしながら、フランスのアメリカへの関心は、イギリスとの政治的な対抗関係にのみ由来しているわけではない。

きわめて重要だったのが、アメリカが共和国であったという事実である。ヨーロッパ史において、古代ローマの共和政や、ヴェネチア共和国などの前例はあるものの、はたして都市国家より広い国土を持つ大国が共和国となりうるかという問題は、古くから論じられてきた政治学の大問題であった。モンテスキューは『法の精神』において、共和政にふさわしいのは小国であり、より大きな国家には君主政が適合していると論じている。共和政を支えるのは市民による、自らの利益を犠牲にしてでも公共的利益へ献身しようとする精神であり、それが期待できるのは、市民の利害が同質的な小国のみであるというのがその理由であった。ルソーもまた『社会契約論』で、この当時の政治学の〝常識〞を追認している。

しかしこの問題は、単に理論的なものにとどまらない、きわめて実践的な意味も持っていた。というのも、革命によって君主政を打倒し、一度は共和政を経験したフランスにとって、はたして大国に共和政は可能かという問題は、きわめて現実的な、切迫したテーマでもあったからである。たしかに、君主政か共和政かという問題は、王政復古によって一度は封印された。しかしながら、七月革命によって再度この封印は解き放たれ、大国における共和政の可能性という議論は再度脚光を浴びることになったのである。現実のフランスにおいては、ブルボン家のシャルル一〇世を追放した後、オルレアン家のルイ＝フィリップを「市民の王」として迎えるという収拾策が採用された。結果として、共和政は実現しなかったわけだが、共和政への関心はいまだ消えていなかった。したがって、トクヴィルの最初の重大な関心は、フランスにおける共和政の実現可能性を念頭に置きつつ、現実に存在する共和国としてのアメリカの実情を観察することにあった。

このような理論的・実践的な関心のほかに、新大陸に対するエキゾティックかつロマンティックな関心があったことも指摘しておく必要があるだろう。小説家のシャトーブリアンが、トクヴィルの近い親戚であったことについてはすでに触れたとおりであるが、彼の書いた小説『キリスト教精髄』の挿話「アタラ」は、アメリカを舞台とする、ヨーロッパ人とネ

『アタラの埋葬』（ジロデ・ド・ルシィ＝トリオゾン画）

イティブ・アメリカンの混血の美少女の悲恋物語であった（この小説を元にした絵画『アタラの埋葬』がルーブル美術館で見られる）。この作品は、フランスにおけるアメリカへの憧憬の盛り上がりに一役買っていると同時に、トクヴィルとボーモンにアメリカの大自然に対するエキゾティックなあこがれをかき立てた。古く頽廃した旧大陸に対して、むしろ素朴かつ自然と密接な新大陸にこそ、純粋で高貴な感情や習俗が残されているという夢想は、ルソーの「高貴な野蛮人」以来のものである。ただし、この夢想は、ただ単にロマンティックというばかりでなく、ヨーロッパ社会やその文明を批判するための、一つの理論的フィクションという側面も持っていた。ヨーロッパ文明を相対化する視座を提供してくれるものとしてのアメリカ、という関心もまた、トクヴィルをアメリカへと旅立たせた一つの契機であったことは間違いない。

このように、フランスにとってのアメリカは二重の存在であった。すなわち、一方で、アメリカはフランスの未来を指し示すものであった。フランスもまたいずれ共和国になるとすれば、アメリカにおける民主的共和国の実験はきわめて重要な意味を持つ可能性があった。他方で、アメリカはフランスをはじめとするヨーロッパ社会が失った、より純朴な習俗を保った国ともみなされた。したがって、アメリカという主題を選んだトクヴィルにとって、アメリカがはたしてヨーロッパの未来なのか、あるいは過去なのかという問題に一つの解答を示すことが課題となった。この課題に対し、トクヴィルは『デモクラシー』において、次のような答えを出すことになる。すなわち、アメリカこそ「諸条件の平等」がその極限に達した、「デモクラシー」のもっとも発展した国である。そして、「デモクラシー」が共通の未来である以上、アメリカはフランスの未来である、と。

アメリカ社会の観察

しかしながら、トクヴィルが一足飛びにそのような結論に達したわけではない。トクヴィルがアメリカ社会の観察からいかにして『デモクラシー』の構想に至ったのか、そのプロセスをもう少し詳しく検討してみよう。

アメリカ滞在の初期、ニューヨークのブロードウェイに腰を落ち着けたトクヴィルらは、ニューヨークの社交界での経験から二つのことを見てとった。一つは、アメリカ社会がまさに中産階級による社会にほかならないということである。アメリカ人の主たる関心が経済活動であり、中産階級こそが良きにつけ悪しきにつけアメリカ社会の中心であるとの観察は、現実に実現している唯一の大共和国であるアメリカ合衆国の理解に大きな影響を及ぼすことになる。

第二はアメリカ人の習俗である。男女の隔たりが大きいフランス上流社会に比べ、ニューヨークでは男女間の関係ははるかに平等的であり開放的に見えた。にもかかわらず、トクヴィルの観察によれば、アメリカの女性はよくその習俗の純潔を守り、家庭で夫を支えていた。今日の目から見れば、このようなトクヴィルの観察は、典型的に「男女の役割は別だが、平等である（separate but equal）」という性別分業論にも見えるが、それはともかくとして、フランスの古い貴族的な家族のあり方に対して批判的な眼を持っていたトクヴィルにとって、アメリカの平等主義的な家庭イメージがきわめて印象的であったこと、またトクヴィルが、アメリカ人の習俗に関心を持ったことが重要である。中産階級がきわめて堅実であり、よくその道徳律に服しているという観察は、彼のアメリカ理解に大きな影響を及ぼすことになる。とくにトクヴィルは宗教のはたす役割について多大な関心を持つことになるが、その点については後でさらに検討する。

次に二人は北西部からカナダへと向かった。シャトーブリアンによってかき立てられた、アメリカの大自然に対するあこがれが、二人を大都市から離れさせるきっかけとなったことは言うまでもない。しかしながら、実際の観察は、ロマンティシズムとは異なる別の現実を二人に思い知らせることになる。それはネイティブ・アメリカンたちの現状であった。彼らは土地を追われ荒野に姿を隠すか、あるいは文明との接触の結果、伝統的な生活習慣を失い、身を滅ぼしつつあった。その姿は「高貴な野蛮人」のイメージからはほど遠く、滅亡へと向かうその運命に、トクヴィルは同情を隠せなかった。またカナダで会ったフランス系移民の子孫たちの姿にもまた、フランスの植民地運営の失敗を見せつけられた。彼らは本国から捨てられた棄民であり、勝者であるイギリス系住民に囲まれ従属的な地位に甘んじていた。このことは彼のイギリスとフランスという比較の問題意識に結びつくと同時に、後のアルジェリア問題において顕在化する、フランスによる新たな植民地経営の可能性という関心につながっていった（トクヴィルは後年、外相に就任した際、アルジェリア植民を積極的に推進したが、その遠因はここにある）。

カナダから戻った二人は、今度はボストンに滞在することになる。このニュー・イングランドの都会で、トクヴィルは、アメリカは中産階級の国であるという洞察をさらに深めていく。トクヴィルの眼に、アメリカは平等主義的な相続制度により、金持ちはいても貴族階級は成立しにくい社会として映った。したがって、アメリカを構成する主たるメンバーは中産階級にならざるをえない。また、アメリカ社会を動かす最大のダイナミズムは平等化なのではないかという問題意識もまた、トクヴィルのなかで次第に明確化していった。

それと同時に、トクヴィルはアメリカの共和政についての評価を高めていく。アメリカ社会では政府の存在は強く感じられず、あたかも「統治の不在」のごとくであるが、にもかかわらず社会は正常に機能している。その背景にあるのは、社会の底辺における自然発生的な「デモクラシー」なのではないかというのが、トクヴィルの観察であった。すなわちニュー・イングランドでは、初期の入植時代よりタウンシップと呼ばれる最小の自治単位が形成され、このタウンシップが集まって郡が、郡が集まって州が構成された。いわば、基礎的なのはタウンシップの方であり、歴史的にも州の存在に先行している。タウンシップにおける市民の自治への参加が、アメリカ社会の秩序を下から形成しているという観察こそ、『デモクラシー』執筆の大きなモチーフとなったのである。

『デモクラシー』の基本的な視座

このような現実のアメリカ観察から、『デモクラシー』へとつながる、トクヴィルの基本的視座が確立していく。すなわち、アメリカはモンテスキューが説いたような意味での共和政とは異なる、まったく新しい共和政である。モンテスキューはかつて、共和政を可能にするのは市民の徳と節倹であるとした。この場合の徳とは、自らの利益を公共の利益のために犠牲にする精神である。しかしながら、アメリカにおいて見られるのは、自己利益を追求する利己的な精神である。にもかかわらず、アメリカ人は同時に「正しく理解された（自己）利益」をよく理解しており、自己の繁栄と社会の繁栄とが矛盾するどころか、長い目で見れば、密接に結びついていることをよくわきまえている。この理解を支えているのが、社会の底辺における自治活動であり、陪審制や結社を通じての政治参加である。したがって、アメリカの共和政は人を必ずしも自己犠牲的にはしないかもしれないが、そのことは民主的共和政の存立可能性を否定するものではない。むしろ、アメリカの実験の大きな成果は、自己利益を追求する中産階級が、にもかかわらず、十分に共和政を統治する能力を持つということであり、いいかえれば、徳が必ずしも共和政を動かす唯一の原動力でないということを実証してみせたことであった。

ここで興味深いことは、トクヴィルの関心の重心が、次第に共和政《リパブリック》から民主政《デモクラシー》へと移っている点である。共和政とは元来、世襲の君主のいない政治体制を指す。したがって世襲の君主さえいなければ、貴族政でも民主政でも共和政ということになる。しかしながら、共和政という概念には、単純に君主のいない政治体制という定義には収まらない意味の広がりがあった。一つには、西洋政治思想史において共和政といった場合、まず思い浮かぶのが古代ローマの共和政であった、という歴史的側面である。古代ローマでは、帝政に移行するまでの間、長く共和政の時代が続いた。その最大の特徴は、統領（コンスル）、元老院（セナートゥス）、民会（コミティア）から成る混合政体である。この混合政体については、ポリュビオスによって、統領が君主政的要素（一人による支配）、元老院が貴族政的要素（少数者による支配）、そして民会が民主政的要素（多数者による支配）を体現しており、ローマの共和政はこの三つの要素の絶妙なバランスの上に成り立っているという理論化がなされていた。この混合政体の理論は、以後長く、西洋政治思想史における共和政の模範とされることになった。もう一つ、共和政《リパブリック》概念を複雑にしているのが、その語源となった「レース・プブリカ」という言葉である。この言葉は、文字通りには「公共のことがら」を指すラテン語だが、転じて国家一般を意味するようになった。そこには、国家とは、それを構成する市民たちが共有する公共の利益そのものであり、そこでの決定は公共の利益という基準に照らしてなされなければならないという含意があった。

これらの含意は、結果として、共和政概念にエリート主義的な色彩を与えることになった。というのも、混合政体の理論からすれば、民主政的要素は、君主政的要素や貴族政的要素によって補完されてはじめて正しく機能するのであり、それ単独では必ずしも望ましい政治を実現しないということになる。また、政治はすべての市民の公共の利益のためになされる必要があるが、そのことはすべての市民による政治とただちに結びつくものではない。何がすべての市民にとっての公共の利益であるかは、誰にでも自明というわけではないからである。むしろ、社会の公共の利益を理解する人間の数は、多くの場合、きわめて限られている。したがって、共和政は公共の利益のための政治であるが、そのことは、多数者自身による政治、すなわち民主政とは区別されるべきであり、むしろ真に公共の利益を実現するためにも優れた少数者による指導を必要とする、という含意を持つことになった。とくにこのうちの後者の側面は、近代において民衆の政治参加が進むにつれて、より強調されることになる。

実際、アメリカの建国においても強く共和政ローマが意識され、大統領・上院（元老院にちなんでセネートと名づけられた）・下院という構成も、多分にローマの混合政体を念頭に置いたものであった。またトクヴィルの『デモクラシー』と並ぶ、アメリカ政治の古典である『ザ・フェデラリスト』が示すとおり、その建国の父の意図には、代表制と連邦制とを組み合わせることで、いかに民主政的要素を抑制するかという政治的配慮があったことは否めない。彼らはこのような意図を、「民主政ではなく共和政」と表現した。

　これに対しトクヴィルは、議論の焦点をむしろ次第に共和政から民主政へと移動させていく。その背景には、トクヴィルの関心が、制度としての君主の存在の有無よりむしろ、制度を実際に動かしている社会的ダイナミズムに移っていったことがあげられよう。アメリカの政治を本当に動かしているのは、一般市民の日常的な政治活動である。トクヴィルがアメリカ観察を通じて到達したのは、そのような結論であった。西洋政治思想史において、共和政がローマの栄光とともにつねに高く評価されてきたとすれば、民主政は貧しい多数者の支配と同一視され、無秩序や暴民支配といったイメージとも結びつき、否定的な含意とともに語られることが多かった。これに対しトクヴィルは、共和政から民主政へと次第に議論の比重を移し、そのことを通じて、西洋政治思想史における〝偏見〟を覆し、民主政を積極的に論じる最初の理論家の一人となったのである。

　そのこととも関連するが、トクヴィルの理論的中核として、新たにもう一つの概念が浮上してきたことも指摘しておく必要がある。それは「諸条件の平等」である。トクヴィルが『デモクラシー』の書き出しとして選んだのは、「合衆国に滞在中、注意を惹《ひ》かれた新奇な事物の中でも、諸条件の平等ほど私の目を驚かせたものはなかった[3]」という一文であった。トクヴィルは、次第にこの「諸条件の平等」が単にアメリカ社会のみならず、ヨーロッパ社会を突き動かす力であると考えるようになった。この着想はもちろんアメリカの具体的な観察に由来するものだが、ひとたび目をヨーロッパに転じれば、その歴史はこの概念の展開としてすべて説明可能であると思えるようになったのである。このことは、ギゾーが文明化として描いたものを、トクヴィルが平等化として捉え直したことを意味する。この発見は、トクヴィルをして「私はアメリカの中にアメリカを超えるものを見た」[4]と言わせるほどの、大きな視点の転回であった。

フランス貴族へのメッセージ

ボストンでの滞在を終えたトクヴィルとボーモンは、ミシシッピー川を下り南部を訪れた後、再びニューヨークに戻り、そこからフランスへの帰路についた。帰国後のトクヴィルは『ザ・フェデラリスト』の精読をはじめ法律・制度面での研究を加え、最終的に一八三五年、『デモクラシー』の第一巻を公刊することになる。その際、最初の読者になったのは、すでに触れたように、彼の親族たちであった。アメリカにおける「諸条件の平等」と対極の存在である彼らフランス貴族たちに、トクヴィルはいったい何を語ろうとしたのだろうか。

彼らに対する『デモクラシー』の第一のメッセージは、「デモクラシー」の発展はヨーロッパとアメリカの共通の未来であり、それを押し止めることは不可能である、というものであった。トクヴィルはこれをあえて、「摂理」という宗教的含意を伴う強い言葉を用いて説明しており、この流れに抵抗することは神の意図に反するとさえ強調している。トクヴィルによれば、この「摂理」は、ヨーロッパの歴史全体が証明するところであり、フランス革命に反発して歴史の針を逆に戻そうとするより、歴史において実現しつつある神の深い意図を正しく認識することが大切である。このように語りかけることで、トクヴィルはその親族たる貴族たちに反動の立場と決別することを促した。ヨーロッパにおける未成熟な「デモクラシー」を憎むのではなく、むしろそれを教え育て、よりよいものにすることをトクヴィルは奨励したのである。

しかしながら、彼ら貴族たちにとって、革命の恐怖の記憶は今なお生々しかった。そのような彼らに「デモクラシー」を敵視させないためには、一つの理論的営為が必要となる。それが『デモクラシー』の第二のメッセージであり、この本のなかでトクヴィルは、「デモクラシー」と革命とを、概念的にも現実的にもはっきりと区別しようとしている。「デモクラシー」とは、かならずしも革命によってのみ実現されるものではない。トクヴィルが『デモクラシー』のなかで繰り返しこの点を説いているのは、そのためである。フランスにおいて「デモクラシー」が革命によって急激に実現したとすれば、アメリカでは革命なしに平穏のうちに達成された。フランスにおいて革命が起きたのはむしろフランス固有の事情によるものであり、「デモクラシー」の一般的性格を知るためにはむしろアメリカの方が参考になる。このように考えたトクヴィルは、『デモクラシー』で「デモクラシー」の一般的性格を考察し、さらに後年、『旧体制と革命』でフランス固有の事情を解明することになる。そのねらいは、仮に革命に重大な問題があるとしても、それは革命という現象それ自体に付随するものであり、「デモクラシー」と必然的に結びつくものとは限らないことを証明することにあった。

このように、トクヴィルにとって『デモクラシー』は単なる学術的研究ではなかった。それは、彼の生まれ育った環境と時代との矛盾を、自分なりの歴史的展望を持つことでのり越えようとする営みであった。と同時に「デモクラシー」の社会のなかで、自分たちが何をすることができ、また何をなすべきかを確認する試みでもあった。このことは、彼にとって探究の終わりを意味しなかった。むしろ、「デモクラシー」の発展を中心に歴史を見ることは、さらなる難問と模索のはじまりを告げるものであった。「デモクラシー」が、アメリカのみならずヨーロッパの不可避の未来であるとすれば、その本質はいったいどこにあるのか。「デモクラシー」はいかなる社会においても、同じように生まれ発展するのか。そして「デモクラシー」に内在する問題はないのか。存在するとすれば、それにどのように対応すべきか。

トクヴィルにとって、「デモクラシー」という視座を固めることは、いわば、パンドラの箱を開けることに等しかった。そこで次章では、トクヴィルが開いたパンドラの箱の中身について、さらに検討していくことにしたい。

第二章　平等と不平等の理論家

1　平等化とは何か

「諸条件の平等」

このように、九ヵ月間にわたり、トクヴィルはその親友ボーモンとともに、アメリカ各地を訪問した。彼らが直接話を聞いた対象は、ジョン・クィンジー・アダムズ元大統領ら当時のアメリカの指導者から、開拓地の名もない農民にまで、広い範囲に及んでいる。その記録およびそこから得た着想はノートに記され、トクヴィルらはこのノートを携えてフランスへの帰国の途についた。

が、帰国後のトクヴィルが『デモクラシー』執筆にすぐさま専念できたわけではない。まず、ボーモンがある陰謀事件にまきこまれて免職処分になったことから、これに抗議してトクヴィル自身も辞表を提出することになる。次に、アメリカ訪問の公式の目的であった刑務所制度観察の結果をボーモンとともに執筆して、公刊する仕事が待っていた。さらには、前々からの関心の対象であったイギリスにも一月あまり旅行している。結局、『デモクラシー』執筆に専念することになったのは、帰国から一年半たった一八三三年の秋のことであった。とはいえ、執筆に専念してからは順調であり、それから一年足らずの間に原稿を完成している。

しかしながら、言うまでもなく、アメリカでの観察ノートがそのまま『デモクラシー』になったわけではない。前章でも触れたように、たしかにトクヴィルはアメリカで〝何か〟を発見した。しかし、「私はアメリカの中にアメリカを超えるものを見た」(1)というトクヴィルには、その〝何か〟を概念化する必要があった。無限に拡散しかねないさまざまなアイディアを一つにまとめるような、すべての議論の焦点となる概念が求められたのである。

ちなみにトクヴィルは「基本的事実」、「根源的事実」、「支配的事実」といった言葉をよく使う。それは「公共精神に一定の方向を与え、法律にある傾向を付与する」ばかりでなく、「世論を創《つく》り、感情を生み、慣習を導き、それと無関係に生まれたものにもすべて修正を加える」(2)ものである。このようなトクヴィルの言葉づかいには、『法の精神』において、政体の「本性」や「原理」を把握しようとしたモンテスキューの影響を見て取れるだろう。トクヴィルは、それぞれの社会には、その社会を突き動かしているもっとも根源的な原理が存在すると考えた。そうだとすれば、ある社会を理解しようとするときに重要なのは、何よりもまず、その社会を動かす原理を明確に把握することであった。

それでは、トクヴィルは自らの観察したアメリカ社会を把握するのに、いかなる原理を見いだしたのであろうか。結論からいえば、彼が最終的に選んだ「基本的事実」は、「諸条件の平等」であった。トクヴィルは、「合衆国に滞在中、注意を惹《ひ》かれた新奇な事物の中でも、諸条件の平等ほど私の目を驚かせたものはなかった」[3]という一文をもって、『デモクラシー』の議論を開始する。しかし、「諸条件の平等」とはいったい何であろうか。それはほんとうに、トクヴィルのいう「デモクラシー」社会の「基本的事実」なのであろうか。

しかも、ここで注目しなければならないのは、トクヴィルが「諸条件の平等」を、ただ単にアメリカ社会を理解するためにのみ必要な原理と見なさなかったことである。トクヴィルは、「諸条件の平等」の発展が、アメリカ社会を理解する鍵であるとともに、ヨーロッパの過去と未来を説明する原理でもあると考えた。このような議論は、彼にとって、自らの出自にまつわる悩みについての、一つの態度決定であったと言うことができよう。すなわち、トクヴィルは平等化をただ単にフランス革命によって生じた一時的な出来事としてではなく、アメリカとヨーロッパを貫く歴史的な趨勢として理解することを選んだのである。それはある意味で、自らの属する貴族身分の没落を歴史の必然と見なすことを意味した。

このような、「諸条件の平等」を「基本的事実」として歴史を見るというトクヴィルの決断こそ、「はじめに」でも指摘したように、近代社会の診断者としてのトクヴィルの評価を決するものである。すなわち、もし近代社会の本質が、「諸条件の平等」によって特徴づけられる「デモクラシー」の発展にあるならば、トクヴィルはまさにそのようなグランド・セオリーの定礎者ということになる。しかしながら、はたして「諸条件の平等」はほんとうに歴史の基本的な趨勢なのであろうか。というのも、すでに指摘したように、トクヴィルが生きたのは、産業化の進展にともない、新たな経済的不平等が生じつつあった時代だからである。そうだとすれば、むしろトクヴィルは現実の社会の不平等を見落として、あえて平等化のみを強調したイデオローグなのではないかという疑問も生じうる。あるいはトクヴィルは、機会が平等に開かれているのならば、結果としての不平等は正当化されるとする、自由競争の信奉者であったのだろうか。

『デモクラシー』の序文を見てみよう。トクヴィルによれば、過去七〇〇年のヨーロッパ史は、すべて平等化の不可逆の発展を示している。平等化は、目に見えないところから密かに封建社会に入り込んでいった。その先駆者は聖職者である。聖職者の地位は万人に開かれていたため、聖職者が次第に政治的権力を持つことで、身分制社会の壁に風穴があけられることになった。次に続いたのが法律家である。王は自らの権力のために、法律家の能力に頼らざるをえなかった。さらに文明が発展し、商業が発展するなか、知識は社会的力になり、多様な需要に応えるかたちで商人が台頭するようになる。対するに、王は大遠征で身を滅ぼし、貴族たちは互いに争って力を失っていった。また、火器の発明、印刷術、郵便制度、プロテスタンティズム、アメリカ〝発見〟はいずれも、平等化を推し進める原動力となった。なぜなら、それらの結果として、騎士身分は没落し、知識は広まり、すべての人に天国への道が開かれ、新たな富獲得の可能性が生まれたからである。

このようなトクヴィルの説明が興味深いのは、人々が平等の理想に燃えて、現実の不平等を克服していったとは考えていない点である。たしかに、多くの人々が平等の発展のために貢献した。しかしながら、彼らはかならずしもそれと意図していたわけではなかった。むしろその大多数は、意図に反して、あるいは無自覚のうちに、結果として平等化に一役買ってしまったに過ぎない。ヘーゲルの「理性の狡知」を思わせる議論を用いつつ、トクヴィルは、人々がそれぞれ自分の欲望を追求するなかで、結果として、本人が思ってもみなかった役割を果たしたという。

このようなトクヴィルの説明は巧みなものではある。が、かといって、それだけで、彼のいう「諸条件の平等」が完全に明らかになったとは言いがたい。たしかに古い社会的不平等は一つひとつ覆されていったとしても、新たな不平等がそれに代わったに過ぎないのかもしれない。身分制は崩れていったが、新たな経済的・階級的対立がそれにとって代わっただけなのかもしれない。平等化は歴史の不可逆の方向性だと言い切るには、まだ説得力に欠けるように思われる。

平等の想像力

トクヴィルのいう「諸条件の平等」を、もう少し違った角度から捉えることもできるはずだ。

トクヴィルによれば、平等化以前、人々は諸身分を隔てる壁を自明なものであると考えていた。その壁があまりに自然に見えるので、人々は、その存在をおかしいと思うどころか、意識すらしなかった。「人民は現状と異なる社会状態を思い浮べることもなく、主人と対等になりうるとは思いもよらない」のである。(4)貴族は貴族で、自分の特権を正当と考えて疑いもせず、そもそも自らに従属する人間を、自分と同じ人間と思ってもみなかった。

このことに関してトクヴィルは、ある貴族夫人のエピソードを紹介している。その夫人は、反乱を起こした下層民衆の処刑の様子を、その娘への手紙のなかで実に楽しそうに描いている。しかしながら、彼女が残酷で野蛮な人間であったわけではない。むしろ、彼女の繊細さ、優しさ、寛大さが、その同じ手紙にあふれている。そうだとすれば、このような矛盾をいったいどのように理解すべきなのだろうか。トクヴィルの解釈は、彼女にとって、反乱を起こして処刑される民衆が、自分と同じように考え、感じる人間であるとは、夢にも思えなかった、というものであった。逆に、互いに相手を自分とはまったく別の存在であると考えるとき、身分の壁によって隔てられた人間の間には、憎悪すら芽生えない。一方が他方に対して、どれだけ過酷な扱いをしたとしても、受けた側にとってもそれは天災と同じであり、人間的な憎悪の対象とはなりえないからである。憎悪のような人間的感情は、相互に接近し、相手を自分と同じ人間であるとみなすようになって、はじめて生まれるものなのである。

そうだとすれば、トクヴィルがいう意味での平等化とは、このような諸身分を隔ててきた壁を破壊してしまう想像力の変質、そしてそれに基づく、人が社会を理解する象徴秩序の変容にほかならないのではなかろうか。すなわち、トクヴィルが問題にしたのは、人が自分と他者の関係をどのように理解するか、その基本的なあり方における変容なのではなかろうか。もしこのような変容こそがトクヴィルのいう平等化の中核にあるとすれば、トクヴィルの議論のポイントはかなり変わってくる。

重要なのは、まず何よりも、この変容により社会のヒエラルキー的な秩序がもはや自明ではなくなるということである。平等化は、主従の関係、人と人との優劣関係のあり方を根本的に変えてしまうのである。平等化の結果、それまで自然に見えていた権威や支配－服従関係は、自然なものとは思えなくなる。それは、現実における格差の消滅という以上に、想像力の変質であると言える。かつて不平等が自然であった時代には、人間の平等を正当化するためには特別の理由づけが必要であった。これに対し、平等が自然な時代においては、むしろ不平等を正当化するのに特別な理由が要求される。自分とあの人とは、なぜ平等ではないのか。それを正当化するだけの十分な理由があるのだろうか。人が自然にそのように自問するようになるとき、そのような人間から成る社会は「デモクラシー」の社会なのである。

前章では、トクヴィルが生きた時代の空気を知るために、スタンダールの『赤と黒』を検討した。新旧の勢力が併存する復古王政の時代に、人は今の自分とは違う自分になることができるという新しい想像力を持つようになった。ソレルがルソーとナポレオンの著作を読んでそのような思いを膨らませたように、彼らの著作は、新しい想像力の増幅装置であった。ちなみにフローベールの『ボヴァリー夫人』（一八五七年）の主人公エマもまた、読書体験を通じて新たな想像力と感受性を獲得し、その想像と現実との間の距離によって身を滅ぼしていく。そのきっかけになったのは、彼女が貴族の舞踏会に招待され、それまで自分と縁のないものと思っていた社交界を経験したことであった。その結果、貴族夫人たちは憧憬の対象からライヴァルへと変質する。いったんそう思えるようになると、なぜ彼女たちがあそこにいて、自分はいられないのかという疑問が彼女を苛《さいな》むようになる。

フローベール研究者の松澤和宏は、このようなエマの羨望や憎悪を、トクヴィルの『デモクラシー』と関連づけて論じている(『『ボヴァリー夫人』を読む—恋愛・金銭・デモクラシー』)。松澤によれば、このようなエマの感情は単に彼女だけのものではなく、歴史的な産物でもあった。新しい平等をめぐる民主的情念こそが、エマを突き動かしたのである。『赤と黒』がトクヴィルの青年期の、『ボヴァリー夫人』がその最晩年の時期に書かれた作品であることを想起すれば、彼が生きた時代が、このような新しい想像力がフランス社会の底辺にまで浸透していった時代であったことがわかるであろう。

このような新たな想像力の普及に大きな役割を果たしたのが読書体験であり、小説の成立がそのような新たな体験を可能にしたことは、あらためて確認しておく必要がある。しかしながら、トクヴィルに言わせれば、そのような小説が生まれてきたのも、背景となる七〇〇年の歴史があって、はじめて可能になったことである。何よりもフランス革命のはたした役割が大きかった。そのような背景があってこそ、新たな想像力に対応した媒体《メディア》も生まれたのである。トクヴィルが「諸条件の平等」という概念を通じて論じようとした、このような新しい想像力を持った人間を、以下、〈民主的人間《ホモ・デモクラティクス》〉と呼ぶことにしよう。トクヴィルは『デモクラシー』において、いわば〈民主的人間〉の人間学を展開したのである。

〈民主的人間《ホモ・デモクラティクス》〉

それでは、〈民主的人間〉とは、いったいどのような人間なのか。トクヴィルの洞察に従いつつ、ある程度彼の意図を拡張して理論的に定式化すれば、次のようになるだろう（以下の論述は、現象学者であるロベール・ルグロがトクヴィルを援用して展開している議論を参考にしている）。

〈民主的人間〉は、身の周りの他者を自分の同類とみなす。〈民主的人間〉にとって、他者とは、自分と同じように、喜び、悲しみ、生き、そして死ぬ存在である。アダム・スミスは「共感」概念によって、新たな道徳原理を打ち立てようとしたが、トクヴィルに言わせれば、人が他者の感情や思考に共感するのも、他者を自分と同類とみなす想像力があってこその話である。他者の喜びや痛みに共感するには、そもそもの前提として、その他者が自分と同じように喜んだり、悲しんだりする存在であるという認識がなければならない。そして、そのような認識が当然のものとなったとき、はじめて「人類」という理念も生じる。「人類」とは、自分と、自分と同じように感じ考える同類の集合体として観念されるものにほかならないからである。

逆にいえば、「アリストクラシー」の社会とは、「人類」より、人と人とを隔てる身分の壁の方がリアリティを持つ社会である。「アリストクラシー」の社会において、人々の共感は身分の壁を越えない。同一身分の内部では、密な人間的交流や共感も存在するであろう。しかしながら、身分の壁をひとたび越えれば、その外側にいる人間を、自分と同じ人間であるとはどうしても想像できない。まして「人類」の観念はきわめて抽象的なものでしかない。「アリストクラシー」の社会において、主人の召使いへの仕打ちがいかに厳しいとしても、それは残酷さというよりも想像力の壁の問題なのである。逆に「デモクラシー」の社会においては、「人類」のイメージはきわめて身近なものとなる。周りの個々の隣人は知らなくても、自分と同類の総体である「人類」については、ありありと想像できるようになるのである。

他者を自分の同類とみなすことは、他者と自分とを同質的なものとみなすことにもつながる。自分と同じように感じ、考える存在が、良い意味でも悪い意味でも、自分とまったく異質な存在であるとは考えにくいからである。自分とその同類から成る社会において、自分の想像の地平をまったく超越した人間、特別な力を持ち、特別な権威を持つ人間は想像しにくい。結果として、特定の個人は権威を持たないが、逆に、そのような個人の総体である「社会」や「人類」は、特別の権威を持つことになる。「民主的な国で人は周囲の人間一人一人と自分を比べれば、誰に対しても平等だと誇らしく感じる。だが仲間全体を思い浮かべ、この総体の傍らに自分をおいてみると、自分の小ささと弱さにたちまち打ちのめされる(5)」。

このような他者認識は、自己認識の変更も余儀なくさせる。自分は他者と同等な存在であり、特定の身分に所属するというより、他者と等しく「人類」に所属している。逆にいえば、現実に自分がある特定の集団に属していても、それは偶然的なことであり、自分が自分であることにとって本質的なことではない。自分を囲む諸関係も必然的なものではなくなる。あらゆる社会的諸関係は、作為として生み出されるものにすぎないのである。そうだとすれば、「デモクラシー」の時代において、自分であるということは、集団への帰属や人間関係によっては完全に説明しきれない、抽象的なことがらになる。人は自分を他の人間と異なる独自の存在として捉えたいと願う。しかしながら、その自分らしさは、きわめて抽象的なものとならざるをえないのである。

「アリストクラシー」の社会

これらのことがすべて正反対なのが、「アリストクラシー」の社会である。不平等こそを社会原理とする「アリストクラシー」の社会において、人を序列化するヒエラルキーの存在は自明視され、人は自分が社会のヒエラルキーのどこに位置するかということから、自己を認識する。このような社会において自然なのはヒエラルキーであり、身分制である。ヒエラルキーや身分制は、過去から当然に存在してきたものであり、誰かが何らかの意図に基づいて作り出したものとは見なされない。人は自分の身分と自然に一体化し、自分が所属する集団の他のメンバーと密接に結びつく。そのような社会において、人は他者との紐帯を疑うことはない。

このような社会において、ルールや規範は自分たちで決めるものではなく、自分たちの力の及ばない外部からもたらされる。価値の源泉は自分たちを越えたところにあり、自分たちはそれを受け入れ、従うしかない。ヒエラルキーの存在もまた、そのような価値の源泉によって正当化される。人々はそれを正当であると考えて疑わないため、服従には卑屈さはない。むしろ、それに従うことに喜びを見いだすこともありうる。

ちなみに「アリストクラシー」という言葉の元来の意味は、「優れたものの支配」である。人を序列化する優劣の基準が客観的に存在すると信じられており、その基準は、各個人の力の及ばない上位の価値の源泉によって決められていることを人々が疑わないとき、その社会は「アリストクラシー」の社会ということになる。ちなみにトクヴィルの社会類型では、「デモクラシー」以前の社会はすべて「アリストクラシー」の社会とされる。西欧の歴史学において、古代ギリシア・ローマの社会は、中世ヨーロッパの封建社会と区分されるのが一般的である。しかしながら、トクヴィルはこの区分を無視し、両者を等しく「アリストクラシー」の社会として一括している。ある意味で乱暴な議論なのだが、それだけに、彼の問題意識は明確であった。

もう一つ指摘しておくと、「アリストクラシー」の社会においては、人と人とが違っていることが当然であり、人々を隔てる身分の壁が自明視されるが、その意味で人間間の差異は自然なものである。このような社会において、人と人とを区別する差異は、あまりに当然な存在であって、なんら特別の価値を持つものとは見なされない。ところが、人と人とが互いを同類とみなす「デモクラシー」の社会においては、むしろ逆説的に、人と人との差異やその個性がそれ自体として価値と見なされるようになる。「デモクラシー」の社会において、人は相互の平等性を前提に、自分の個性、独自性、差異を強調するようになり、これを他者に承認してもらいたいと願うようになる。しかしながら、「デモクラシー」の社会において個性が価値となるのも、あくまで原則としての平等があってこその話である。ある意味で、「デモクラシー」の社会における個性の追求は、平等の枠内において、平等が許容するかたちで差異を取り戻そうとする試みとしても理解できるだろう。

2　平等社会のダイナミズム

平等社会における不平等

とはいえ、平等の想像力にもかかわらず、現実の不平等がなくなるわけではない。それでは、現実に残る不平等について、トクヴィルはどのように論じているのだろうか。

もちろんトクヴィルは、現実における不平等を無視しているわけではない。ちなみにトクヴィルは、『デモクラシー』第一巻を刊行後、イギリスを再訪し、マンチェスターなど工業地帯における労働の実態をつぶさに観察している。トクヴィルは一八三九年の下院選挙で当選し、政治家としての第一歩を踏み出すが、政治家としてのトクヴィルにとって、経済的な不平等の拡大と社会主義勢力の台頭という問題は、最重要テーマの一つとなっていく。

しかしながら、理論家としてのトクヴィルの真骨頂は、目の前の不平等についての具体的な考察よりも、平等社会になおも残る不平等についての原理的な考察にあった。すなわち、トクヴィルは、平等社会においても不平等はなくならないとしたうえで、不平等社会におけ

40歳過ぎ，議員時代のトクヴィル

る不平等と、平等社会における不平等とが、まったく異なる性格を持つことに注目したのである。すでに指摘したように、不平等を原理とする「アリストクラシー」の社会において、人と人、集団と集団とを隔てるさまざまな格差は、ヒエラルキー秩序のなかに組み込まれ、そもそも不平等として認識されることがない。そのような格差はあまりに自然で自明なものと見なされるからである。これに対し、平等を原理とする「デモクラシー」の社会において、不平等はきわめて鋭敏に意識される。「不平等が社会の共通の法であるとき、最大の不平等も人の目に入らない。すべてがほぼ平準化するとき、最小の不平等に人は傷つく。平等が大きくなればなるほど、常に、平等の欲求が一層飽くことなき欲求になるのはこのためである[6]」。

このことは一見すると逆説的にも思える。不平等が支配的な社会においては、誰も不平等に文句をいわないのに、より平等が発展した社会においては、人は残された不平等について、それがどれだけささいなものであったとしても不満を持つというのであるから。しかしながら、トクヴィルのいう平等化が何よりも想像力の変質であったとすれば、より鋭敏になった想像力にとって、わずかな不平等も激しい不満をもたらすということは、なんら不思議ではない。トクヴィルは『旧体制と革命』において、この論理を応用して、フランス革命の原因を説明している。

フランス革命の原因

トクヴィルのフランス革命論は、ある意味で、非常に入り組んでいる。彼はまず、フランス革命についての有力な見方、すなわち、革命の前後で歴史を一変させるような大きな変化があったとして、革命による断絶をことさらに強調するような見方を相対化する。というのも、トクヴィルの視点からすれば、フランス革命はたしかに王権を覆し、社会の構造を土台から変えたようにも見えるが、別の側面から見れば、それ以前からの歴史の趨勢を根本的に変化させるものではなかったとも言えるからである。すなわち、トクヴィルの視点からすれば、フランス社会は旧体制の下ですでに中央集権へと向かっていたが、革命はこの流れを加速させたに過ぎない。「行政的中央集権は旧体制の産物であり、付け加えるなら、革命後に残った旧体制の政治制度の唯一の部分である」[7]。たしかに主権者の変化は大きな事件であるが、権力のあり方そのものを変えたわけではない。権力は革命を通じてむしろ、さらにその及ぶ範囲を拡大し、集中の度合いを増している。それでは、革命はなぜ起きたのか。トクヴィルのフランス革命論のもう一つのポイントは、事件としてのフランス革命が起きたメカニズムの解明であった。

トクヴィルはこの問題に対し、一方では旧体制下における貴族のあり方を、他方では「文人」、「哲学者」、「経済学者」と呼ばれた当時の知識人のあり方を論じることで答えようとしている。貴族と知識人たちに共通していたのは、中央集権化が進む中で政治の実務からは切り離され、無力であったという点である。その背景にはもちろん、王とその官僚に、政治と行政の権限が集中していたという事実がある。先に知識人の方を見ておくと（『旧体制と革命』第三部）、政治的自由の欠けたフランスの旧体制において、サロンに集まったような知識人たちは政治的実践の場から排除され、疎外されていた。が、この結果かえって彼らは理論的には急進化し、過度に一般的・抽象的な理論へと傾斜していった。

トクヴィルは彼らの著作を、「抽象的・文芸的な政治理論」と呼ぶ。ある意味で、絶対的な政府は、その専制の代償として、一般的・抽象的な理論の分野においてのみ、自由な議論を許したと言える。「国民の隷従を慰撫するために、いつでもわずかながら放縦の喜びだけは残しておかなければならない。そこで政府は、宗教、哲学、道徳、政治に関するあらゆる種類の一般的・抽象的な理論については、大いに自由な議論を認めるのである。どんな小役人たちにも悪口を言うことは許されないが、それだけを我慢すれば、いまの社会の基盤となる基本的諸原理を攻撃したり、神でさえ議論の対象にしたりすることを、政府は容易に許容する(8)」。しかしながら、集権化によりきわめて大きな政治的・行政的な影響力を持つに至っていたパリは、同時に知的にも巨大な影響力を持つようになっていた。「一七八九年には、パリはすでにフランスそのものとなっていた」(9)。その結果、パリでの知的サークルでの議論は、全フランスへとたちまちのうちに伝播した。結果として、政治的実践との結びつきが弱いにもかかわらず、あるいはむしろそれゆえに急進化した政治理論が、パリを中心とするメディアの増幅効果と結びついて、革命の一つの原因となったのである。

それでは、トクヴィルは貴族についてどう論じているか（『旧体制と革命』第二部第一章）。彼はさまざまな行政的文書を渉猟することで、フランスが西欧諸国の中でも、むしろ早くから封建的な束縛がゆるみ、農奴の解放が進んだ国であったことを証明しようとする。しかし、もし彼の説が正しいとすれば、革命は、封建的諸制度の桎梏《しっこく》が相対的にはもっとも弱かった国で起きたということになる。これはいったいどういうことだろうか。封建制の矛盾がもっとも大きな国において、その矛盾の重みに耐えかねた被支配者の不満が爆発して起きるというのが、よくある革命のイメージである。これに対し、トクヴィルの考えでは、フランスで革命が起きたのは、フランスにおいて封建制の束縛がもっとも重かったからではなく、むしろもっとも軽かったからだというのである。この逆説を説明するために、トクヴィルは、ここまで検討してきた、平等社会における不平等という論理を応用する。

封建的諸制度の存在が自明なとき、人はその存在を意識しない。ところが、その存在が揺らぎはじめたとき、人ははじめてその重さに気づくことになる。フランスの農民は、当時のヨーロッパにおいて、もっとも解放されていた。彼らは一定の経済的・社会的な自由を持ち、自分の財産も持つようになっていた。ところが、そのように相対的にいえば豊かになりつつあったフランス農民にとって、その身近に、特別の政治的機能をはたしているわけではないのに、なぜか特権を持っている存在がいた。それが貴族たちであった。彼らは、自分たちと同じような存在であるにもかかわらず、特権を持っているというだけで、多くの負担を免れている。かつて各地域で政治的影響力を行使していた封建的貴族たちは、農民たちのはるか上に位置する存在であった。ところがいまや貴族たちは、次第に王の派遣した行政官にその政治的権限を奪われてしまった。

人々にとって、かつて自分たちから遠いところにいると思われた貴族たちは、今では比較を絶する存在ではない。そうだとすれば、彼らの持つ特権は、きわめて目障りなものに見えてくる。かつては社会のヒエラルキーに組み込まれ目に見えにくかったその特権が、きわめて不当なものとして可視化したのである。フランス革命の一つの原動力となったものは、このような封建的貴族たちの特権への反発であった。まさに、平等に近づいたからこそ見えてきた不平等の存在こそが、人々の情念を突き動かしたのである。

心理的還元?

自分とまったく別の世界の話と思えば何も感じないのに、ひとたび自分と身近で、自分と比較可能に見えてくるや、たちまち不満に思えてくる他者との不平等感。その心理のメカニズムはたしかに説得力のあるものである。自分自身を振り返ってみても、容易にこのようなメカニズムは想像できるし、他のいろいろな現象の分析にも応用可能であろう。

しかしながら、このような議論はただちに新たな疑問をもたらす。これは、要するに、嫉妬の感情なのであろうか。あるいは、客観的な平等・不平等の問題より、それが主観的にどのように受け止められるかの方が、より重要だということなのだろうか。いいかえれば、トクヴィルの議論は、経済的不平等の問題をすべて心理的な嫉妬や憎悪のメカニズムに還元してしまう議論なのではないかという疑いが、生じてくるのである。

しかしながら、このような捉え方は、トクヴィルの問題意識を十分に受け止めているとは言いがたい。なぜなら、トクヴィルが本当に問題にしたのは、平等社会において、不平等を正当化する論理はもはや存在しなくなる、という点にあったからである。すでに指摘したように、人間の不平等を社会原理とする「アリストクラシー」の社会において、ヒエラルキーの存在は自然であった。これに対し、すべての個人が等しく自由への権利を持つことを当然とする「デモクラシー」の社会においては、あらゆるヒエラルキーと支配‐服従関係は、自然でなくなる。すなわち、すべての支配‐服従関係は、平等という視点から洗い直されるのである。

そうだとすれば、「デモクラシー」の社会は独自のダイナミズムを持つ社会になるであろう。「デモクラシー」の社会は、あらゆる個人に、彼（彼女）が他の個人と等しく自由になる権利を持っているということを告げる。ひとたびこのことを知った個人は、それまで自らが置かれていた従属的な諸関係に対し、異議申し立てをすることになる。これに対し、「デモクラシー」の社会は、このような異議申し立てを原理的に否定することができない。結果として、このダイナミズムはあるいは急激に、あるいは漸進的に社会を変えていく。トクヴィルがいうように、このようなダイナミズムが革命という劇的な出来事によって実現したフランスという例もあれば、革命なしに民主的な社会状態を実現したアメリカという例もある。が、いずれにせよ、平等化のダイナミズムは、中長期的には、社会を根底から変えていく。「デモクラシー」の社会は、異議申し立てに開かれた社会であり、またつねに新たな異議申し立てを生み出していく社会なのである。

平等化が及ぶ範囲

ここでさらに、トクヴィルが、平等化の及ぶ範囲をどこまで想定していたのかという問題について考えておきたい。このことに関して、トクヴィルがしばしば「キリスト教徒」、「キリスト教国民」といった言葉を用いていることが注目される。というのも、彼が平等化の不可逆の発展という場合、もっぱらキリスト教的西洋社会のみを念頭に置いており、その外部にいる非キリスト教徒についてはまったく想定外であったという可能性もあるからである。

このことがまず問題になるのは、アメリカの黒人とネイティブ・アメリカンについてである。トクヴィルは『デモクラシー』第一巻の終わりにおいて（第二部第一〇章）、かなりの頁を割いて、黒人とネイティブ・アメリカンの置かれた状況について論じている。実をいえば、この扱いは著作としての『デモクラシー』の一体性を脅かしかねないものであった。と

ネイティブ・アメリカンのガイドとともに
（ボーモンのスケッチによる）

いうのも、平等化がその自然の限界にまでほぼ達している国としてアメリカを描くトクヴィルであるが、同時に、そのアメリカにおいて、人種間の不平等という問題が未来の大きな危機となることを予言していることになるからである。トクヴィルがアメリカを訪れたのは一八三〇年代であるが、このときアメリカではすでに、その後の南北戦争へと至る、深刻な人種問題による亀裂が広がり始めていた。トクヴィルがアメリカ南西部を見て回ったのはごく急ぎ足のものであったが、人種問題がアメリカ社会の内部に巨大な分裂を生み出しつつあるということを、彼はけっして見落とさなかった。

それでは、このような状況を、トクヴィルはどのように論じているのだろうか。まずネイティブ・アメリカンであるが、トクヴィルは、彼らが土地を奪われ、固有の習俗を失ったとして、その状況を同情的に叙述している。しかしながら、同情はするものの、それ以上積極的な発言はしていない。ただ、彼らの運命が滅亡に至るものであろうと、諦観をもって語るばかりである。トクヴィルによれば、自らの習俗を失った民族は滅びざるをえないからである。これに対し、黒人についてトクヴィルは、よりはっきりとした警告を発している。彼によれば、奴隷制の存在はアメリカ社会の基本的な原理に反するものであり、奴隷自身にとってはもちろん、奴隷を支配し所有する人々にとっても、けっして幸福な結果をもたらさない。奴隷制は経済的に効率的ではないばかりか、人間の精神を堕落させる。さらにトクヴィルは、奴隷制をめぐる対立が、将来アメリカに分裂をもたらすことについても、深い危惧の念を抱いていた。彼は人種問題が深刻なものであり、かつそれが不正なものであると明確に認識していたのである。

しかし、にもかかわらず、トクヴィルは、最終的に「平等の国アメリカ」という基本的な構想を維持した。これをトクヴィルの矛盾あるいは妥協ということも可能であろう。しかしながら、トクヴィルが、自らの著作の内的一貫性を危うくしてまでも、人種問題についての長大な章を本の最後にそのまま残したことに、むしろ注目すべきなのかもしれない。つまり、トクヴィルはあえて、全体における比重を考えれば不自然なくらい長い人種論を、その本の終わりに置いたのであり、そこに彼のぎりぎりの問題意識を見て取ることも可能なのである。

いずれにせよ、トクヴィルが平等化として論じた領域は限られている。彼が十分に論じることがなかったテーマとして、エスニシティーの問題が残されていることは間違いない。また、トクヴィルがはたしてキリスト教的西洋社会だけを念頭に置いて平等を論じていたのかどうかは、やはり大きな疑問として残っている。だが、本書におけるこれまでの議論からすれば、彼自身がどのように考えていたのであれ、彼が見いだした平等化のダイナミズムそれ自体は、キリスト教社会の枠を越えて拡大する可能性を秘めていたことも疑えない。ある意味で、トクヴィルの平等化論の意義は、平等化の力がキリスト教的西洋社会を根本的に変えていきつつあることを指摘することで、西洋社会の内部になお残る不平等を明らかにすると同時に、西洋社会の外部にも巨大な不平等が存在していることを浮き彫りにしたことにあるとも言えるのである。そうだとすれば、トクヴィルを平等の理論家とだけ規定するのは、片手落ちである。むしろ、トクヴィルの真の意義を考えれば、彼を平等と不平等の理論家、あるいは平等と不平等とが生み出すダイナミズムについての理論家と呼んだ方がいいことになる。

さらに、トクヴィルが明言していないとしても、その後の人類の歴史は、まさに平等化が、西洋社会の内部と外部において、ある意味でトクヴィルの想定していた範囲を越えてまで、普及・浸透していったことを示している。そして、今日なお、そのダイナミズムは進行中である。そうだとすれば、『デモクラシー』の持つ射程は、「キリスト教国民」をはるかに越えたものであると言わなければならない。

このようにトクヴィルは、平等社会においてもなお不平等は残ること、しかしながら、平等社会における不平等は、不平等社会における不平等とはまったく違う意味を持つこと、そしてさらに、平等社会における不平等はなくならないが、その不平等に対する異議申し立てによって、平等化に向けての新たなダイナミズムがつねに生まれてくるということを論じた。彼はこのダイナミズムこそが歴史を動かす、近代社会の最大の特徴であると考えたのである。この発見こそ、理論家としてのトクヴィルの〈可能性の中心〉であったと言うことができるだろう。

3　平等社会の両義性

精神のデカルト主義

しかしながら、トクヴィルは平等社会の持つダイナミズムに対して、ただ楽観的であったわけではない。たしかにトクヴィルはあくまで平等化を神の「摂理」として評価した。しかしながら、彼は同時に、平等化の生み出す多様な影響は、けっして望ましいものばかりではなく、さらにいえば自己破壊的な効果をもたらすことさえあると述べている。トクヴィルの理論家としてのもう一つの真骨頂は、平等社会の負の側面についての精密な分析にある。トクヴィルは平等社会に生きる人間のメンタリティーについて、とくに『デモクラシー』の第二巻で詳細な議論を展開している。

ところで、興味深いことに、トクヴィルは、アメリカ人がそれと知らずに全員デカルト主義者になっているとしている。もちろん、デカルトの著作を読んで学習したわけではない。アメリカ人は哲学を好まず、多くの人は、デカルトの名前も彼の『方法序説』も知らないであろう。にもかかわらず、トクヴィルによれば、彼らはすべてデカルト主義者なのである。

トクヴィルはアメリカ人の思考法を次のように叙述している。「体系の精神、習慣のくびきから脱し、家の教えや階級の意見、いや、ある程度までは、国民の偏見にもとらわれない。伝統は一つの情報に過ぎぬとみなし、今ある事実は他のよりよいやり方をとるための役に立つ研究材料としか考えない。自らの手で、自分自身の中にのみ事物の理由を求め、手段に拘泥せずに結果に向かい、形式を超えて根底に迫る」[10]。人の思考を規定するさまざまな先入観を排し、手段や形式よりもその内奥にあるものを目指そうとする姿勢は、たしかにデカルトを思わせるものがある。そして何より、彼らは「自分一個の理性の働きにしか訴えない」[11]。伝統がもはや一つの情報に過ぎなくなるのは、そのためである。彼らは自分の理性の見地から、すべてを疑い、検討し直すのである。

すでに指摘したように、この『デモクラシー』第二巻におけるトクヴィルの叙述は、具体的なアメリカ人の観察というよりは、トクヴィルが考える〈民主的人間〉の抽象的な考察という色彩が強い。トクヴィルにとって、〈民主的人間〉とは、「アリストクラシー」の社会における伝統的な諸関係の紐帯から切り離された人間である。彼らは独立的であり、自律的である。その目から見て、他のいかなる個人も、自分と決定的に異なる存在ではなく、したがって、特別の権威を持つものではない。そうである以上、〈民主的人間〉が何ごとも自分で判断し、選択したいと思うのは当然である。

トクヴィルはもちろん、このような〈民主的人間〉の思考を、それ自体として肯定的に捉えている。彼らは、思考の惰性を疑い、新しい思考を実現する可能性を持っている。しかしながら、同時にトクヴィルは、このような〈民主的人間〉の思考法の持つあやうさについても敏感にならざるをえなかった。そのことは、青年期に彼を襲った懐疑の悩みを思い起こせば、容易に想像がつくであろう。トクヴィルにとって、近代人はすべてを疑うが、そのことによってつねに不安定な立場へと追い込まれざるをえない存在である。自分の外部に絶対的な根拠を見いだせない以上、個人は自分のうちへと放り返されるからである。何ごとも自分で判断し選択することは、〈民主的人間〉にとっての誇りであるとともに、不安と困惑の原因ともなる。〈民主的人間〉とは、自分の内面へと視線を向け、そこに埋めるべき空白を見いだしてしまった、根拠の不確実な主体なのである。

デモクラシー社会における権威

それにしても、すべてを自分で判断しようとする〈民主的人間〉が、それゆえにむしろ、懐疑に悩まされるというのは、大きな矛盾であるように思われる。しかしながら、トクヴィルの見るところ、近代西欧の知の歴史自体が、このような帰結を生み出すための過程にほかならなかった。教会の伝統的な権威を認めず、真理を神の言葉自体に求め、一人ひとりの信者が直接聖書を読むことを促したルターの宗教改革、すべてを疑う自己の主観のみをたしかなものとしたデカルトの認識論哲学、カトリックの知的権威に敢然と挑戦したヴォルテールに代表される啓蒙主義。その歴史が指し示すのは、超越的あるいは伝統的な権威を失墜させ、人々に自己のうちにのみ知的権威を認めるよう促すという、基本的趨勢であった。このような趨勢は、まさに平等化とコインの表裏をなすものであった。しかしながら、はたして人間はほんとうにすべてを自分で判断することができるのだろうか。自己のうちにのみ権威を認めることは、むしろ自分の外部に何ら確実なものを見いだせないことを意味するのではないか。トクヴィルはそのように考えていった。

その青年期以来、懐疑に悩まされたトクヴィルにとって、「何が起ころうとも、知性と道徳の領域にはつねに権威がどこかに存在しなければならない」[12]というのは、一つの実感に基づく確信であった。しかしながら、問題は、その権威をどこに見いだしうるかということであった。「過去はもはや未来を照らさず、精神は闇の中を進んでいる」[13]とは、トクヴィルのまさにうめくような言葉であった。このような権威の不在への不安を、単に「伝統」の復活を唱えることによって修復することができたならば、トクヴィルにとっても、問題ははるかに楽であったはずである。しかしながら、問題は、回帰し依拠すべき「伝統」を、トクヴィルがどうしても見いだすことができなかったということである。「デモクラシー」社会において、すべての権威は次第にその基礎を掘り崩されていく。いかなるヒエラルキーもやがてその根拠を失っていくように。

後でさらに検討するように、トクヴィルは、宗教に、懐疑の不安に悩む人間にとっての「知性の健全な枠」を見いだそうとした。彼自身が生涯、宗教的な安心を得ることができなかったように、彼の宗教に対する思いは二重三重に複雑であった。にもかかわらず、人間はすべてを自分で判断することはできない以上、なんらかの権威は必要であるという彼の信念は揺るがなかった。人はなんらかの権威、すなわち論じることなく認める価値の源泉なしに、ものを考えることはできない。もしそのような価値の源泉を見いだすことができないのならば、そのような権威の記憶と結びついたなんらかの形式だけでもいいから、それを保持し、利用すべきである。トクヴィルはそのように考えたのである。もちろん、このような権威の必要性という議論は、それ自体で十分に説得的なものであるとは言いがたいかもしれない。しかしながら、人間が自らの思考を推し進めていくためにも、その大前提となる価値の基準は必要であり、そのような基準がまったく不在なままに懐疑だけが加速すれば、やがてすべての議論が成り立たなくなるのではないか、というトクヴィルの不安がきわめて切実なものであったことは疑いえない。

「デモクラシー」社会に生きる個人は、日々変化するもの、目に見える物質的対象にのみ関心が向きやすい。というより、そのような変化を素早く見て取り、時に流されつつも、そこでの機会を何とかつかもうとする努力なしに、人は生きていくことができない。しかしながら、ひとたび、そのような日々の変化の奥底にある空虚を見てしまった瞬間、そのような個人は精神的な暗闇とその前に立ちすくむ無力な自分の姿を見るのである。これこそ、トクヴィルが「デモクラシー」の社会に対して発した最大の警告であった。

「個人主義」

このことと関連して、さらにトクヴィルの、個人主義についての独自な議論についても検討しておこう。実はこの「個人主義」という言葉は一九世紀初めに初めて登場したものであるが、それが最初に用いられたのはフランスであった。トクヴィルの「個人主義」もまた、そのもっとも初期の用例の一つである。しかし、なぜこのような新語がこの時期のフランスに登場したのであろうか。新しい言葉が生まれた以上、その言葉でしか表現できない新しい現象、新しい問題関心が現れたということなのだろうか。

トクヴィル自身は、「個人主義」を「利己主義」という言葉と区別するために、あえて用いている。「個人主義は新しい思想が生んだ最近のことばである。われわれの父祖は利己主義しか知らなかった。利己主義は自分自身に対する激しい、行き過ぎた愛であり、これに動かされると、人は何事も自己本位に考え、何を措いても自分の利益を優先させる。個人主義は思慮ある静かな感情であるが、市民を同胞全体から孤立させ、家族と友人と共に片隅に閉じこもる気にさせる」(14)。要するに、「個人主義」の特徴は、自分の利益の過度な強調というより、自己の外部や他者に対する関心の希薄化に見いだせる。そのようなものとしての「個人主義」は、いつの時代にも見られる「利己主義」とはまったく異なる、新しい現象だとトクヴィルは言うのである。

このような新語が用いられるようになった背景にフランス革命があることは言うまでもない。トクヴィル以前にも、ジョゼフ・ド・メーストルなどが、反革命の思想という文脈において「個人主義」という言葉を用いている。彼らによれば、個人の権利や理性の急進的な主張は、政治的な無秩序をもたらすばかりでなく、精神的な無秩序をも生み出す。そのような危険性に警告を発するために、彼らはあえて「個人主義」という新語を用いたのである。たしかに、フランス革命は、ル・シャプリエ法に代表されるように、国家と個人の間にある中間団体を敵視し、伝統的な社会的紐帯から個人を切り離そうとする傾向を強く持っていた。そのことは、直接的には、革命が身分制団体や教会をそのライヴァルと見なしていたことに由来するが、より根底には、社会をいったん自然権の担い手である個人に分解し、そのような諸個人の合意に基づいてのみ新たな政治社会を作り出そうという社会契約論的な発想があった。

しかしながら、このことは逆に、思いがけない展開を生み出すことになった。フランス革命によって口火を切られたフランス一九世紀の最大の理論的・実践的関心は、個人のさらなる解放よりもむしろ、そのような個人を社会のなかにいかに埋め戻すかに向けられることになったのである。このことは、ある意味では自然な帰結であった。フランス革命によって、個人から成る社会という理念が、単に抽象的に唱えられるばかりでなく、その理念に基づく急進的な改革が実行に移された。結果として生じたのはむしろ、そのようにして析出された個人によって生み出される無秩序への危惧であった。結果として、これらの個人を、いかに再構築された社会的関係へと再び結びつけるかという関心が、フランス革命によって始まった世紀の大きな課題となっていったのである。このような関心はやがて、政治的立場の左右を越えて共有されるものとなる。したがって、「個人主義」という言葉が、「反動」の思想家とされるメーストルらによって用いられ、その後、「社会主義」の思想家であるサン＝シモン派によって普及することになったという事実は、きわめて象徴的である（デュルケームの『自殺論』におけるアノミー論もまた、その系譜上にある）。このように、社会の一体性やその紐帯の存在が疑われはじめ、それらを脅かす要因を表現する言葉が模索されたとき、はじめて「個人主義」という概念が脚光を浴びることになったのである。トクヴィルもまた、そのような文脈において「個人主義」という言葉を用いた一人であった。

「多数の暴政」

しかしながら、トクヴィルの「個人主義」概念は、同時代的文脈に置いてみても、ある独自性を持っている。一九世紀フランスにおける「個人主義」への問題意識が、抽象的・理論的に個人の独立や解放を説くものではなく、むしろそのことを前提に、そのような個人からなる社会をいかに再組織化し、個人をそこに「埋め込む」か、ということにあったとすれば、トクヴィルにとっての問題は、それと少しずれていた。というのも、トクヴィルによれば、平等化のダイナミズムは、けっして人々を無秩序へと導くとは限らないからである。トクヴィルはむしろ、平等化は人々をいったんバラバラにした上で、むしろかつてないほど強固な秩序を生み出すと考えた。それも、革命を経験したフランスでは、それ以外の場所以上に、その傾向が強いとさえしている。これはどういうことなのだろうか。

このことを考えるにあたっては、トクヴィルのいう「個人主義」のもつ二面性に着目する必要があるだろう。トクヴィルの考える個人は、自分の内なる世界においては至上の存在である。この個人は自分が他のいかなる個人とも同等の権利を持つと考え、他の誰にも自分に優る権威を認めず、そのことに強い誇りを持っている。ところが、この個人は、いったん自分を外から見つめるやいなや、まったくの無力に陥る。というのも、他の個人と同等であるということは、逆にいえば、他の人間と同等の存在でしかないということも意味するからである。個人は他の誰にも自分を優越する権利を認めないが、このことは同時に、自分が他の人間に優越すると主張するなんらの権利も持っていないことをも意味する。自分はその他大勢の一人に過ぎない、か弱い存在である。このアンバランスこそが、平等社会における個人の自意識の最大の特徴となるのである。

そこで問題になるのが、すでに指摘した、権威の問題である。「デモクラシー」社会に生きる個人は、自分の周りの誰にも特別の知的権威を認めない。この個人はすべてを自分で判断したいと思う。しかしながら、トクヴィルに言わせれば、すべてを自分で一から考え直すことなど、人間には不可能である。人はすべてを疑うわけにはいかない。人は自覚的・無自覚的に、つねに一定の事柄を前提に、その権威に頼ってものを考えているからである。自らの哲学の出発点に懐疑を据えたデカルト自身は、このことを十分に承知していた。だからこそ彼は、すべてを懐疑するためにも、実社会生活においてはあえて一定の常識的事柄を懐疑の対象から除外したのである。それらの常識的事柄を確保することで、はじめてそれ以外のことについて懐疑することも可能になるというのが、彼の確信であった。

しかしながら、トクヴィルのいう平等社会の個人は、それほど自覚的ではない。彼らは無意識のうちに、何らかのものを権威として仰ぐようになる。それが、すでに触れた、自分の「同等者の総体」であった。一人ひとりの人間は特別な権威を持ちえない。しかしながら、自分と同等の個人が「巨大な全体」としてイメージされたとき、人はその権威に抗うことはできない。トクヴィルは、この「多数者の意見」こそが、平等化社会における最大の知的権威であるとした。「平等の時代には人々はみな同じだから、お互いに誰かを信用するということが決してない。だが、みな同じだからこそ、人々は公衆の判断にほとんど無限の信用をおくことになる。なぜなら、誰もが似たような知識水準である以上、真理が最大多数の側にないとは思えないからである」[15]。トクヴィルは、このような多数者の圧倒的な知的影響力、およびそのことによる少数者への圧迫を指して「多数の暴政」と呼び、「デモクラシー」の社会における最大の問題の一つであると見なしたのである。

「民主的専制」

このような「多数の暴政」と区別して、トクヴィルは「民主的専制」をも問題にしている。もちろん、両者の使い分けはそれほど厳密なものではない。トクヴィルに言わせれば、「圧政（tyrannie）」とか「専制（despotisme）」という言葉自体、あまりにも古くさい言葉であり、眼前にある新たな現象を表現するには適切でなかった。「私はだから、民主的諸国民が今日その脅威にさらされている圧政の種類は、これに先行して世界に存在したなにものとも似ていないだろうと思う。われわれの同時代の人々はそのイメージを記憶の中に探しても見出せまい。私自身、それについての観念を正確に再現し、形にして収める表現を求めても得られない。専制や暴政という古い言葉は適切でない。ものは新しい。これを名づけ得ぬ以上、その定義を試みねばならない[16]」。

すでに指摘したように、「諸条件の平等」というときにトクヴィルの念頭にあった最大の問題は、想像力や象徴秩序の変容であった。トクヴィルの「民主的専制」とはまさにこのような想像力や象徴秩序の変容がもたらす新しい権力の姿を問題にするものであった。トクヴィルがいう「個人主義」の結果、諸個人は一方において、他者から切り離され、自らのうちに閉じこもろうとする傾向を持つ。他方、そのような個人は、特定の個人による個別的な支配を嫌う一方で、「単一にして単純な、万人にとって等しい社会の力という観念とそれへの好み[17]」を持つようになる。すなわち、自分が、他のすべての個人と同等な存在であることにこだわる「デモクラシー」社会の個人は、自分と同じようなある特定の個人が自分に対して支配的権力を行使することにはきわめて敏感に反応し、これを拒絶しようとする。しかしながら、反面で、そのような特定の人間による個別的な支配と切り離された、非人格化した集団的権力による支配に対してはむしろ、容易にこれに隷従するというのが、トクヴィルの下した〈民主的人間〉への診断であった。さらにいえば、自分の身の周りの他者との結びつきを欠いた個人は、むしろそのように非人格化した権力の媒介に頼ってしか、他者へ働きかけることができなくなる。

したがって、社会の平等化は、権力にとってむしろ自らの影響力拡大のまたとない機会となる。すでに指摘したように、トクヴィルは、『旧体制と革命』において、フランス革命によって主権が王から人民に移ったとしても、政府の権力はけっして弱体化せず、むしろさらに拡大したと主張した。革命は古い社会的紐帯を切り離すことになったが、その結果、ばらばらになった諸個人は、ますます集権化の進んだ政府の単一の権力に依存するようになったと言うのである。そのような権力による支配は、むしろ「絶対的で事細かく、几帳面で用意周到、そして穏やか」[18]なものになるだろうというのが、トクヴィルの見立てである。「専制は本性上臆病なものであって、人々の孤立にそれ自体の永続の最も確かな保証を見出し、通常、人々を孤立させるのにあらゆる配慮を払う」[19]。であるにもかかわらず、新たな権力はあたかも諸個人の後見者であるかのごとく振る舞い、人民にとって何が最善であるかを知っていると自称し、人民の名において、自らの権力を拡大していく。トクヴィルは、このような「デモクラシー」の時代に固有な権力のあり方を「後見的権力」と呼んでいる。

以上のように、トクヴィルは、平等化がもたらす帰結を、その功罪の両面において見定めようとした。しかしながら、それはあくまで平等化の進展による「デモクラシー」社会の到来を人類の不可避の運命であると認めたうえで、それを少しでもより良いものにするためのものであった。それでは、そのような平等化の負の側面はどのようにすれば克服、あるいは少なくとも緩和することができるのであろうか。トクヴィルはアメリカ社会の特質というものをつぶさに検討することで、この問題を模索していった。したがって、次章では、彼のアメリカ分析を検討してみることにしたい。

第三章　トクヴィルの見たアメリカ

1　アメリカを論じるということ

『デモクラシー』の奇妙さ

実をいえば、『デモクラシー』という本は、奇妙な本であると言わざるをえない。すでに指摘したように、トクヴィルは本の冒頭で「私はアメリカの中にアメリカを超えるものを見たことを認める」[1]と宣言している。というのも、彼自身の言葉によれば、彼はアメリカにおいて「デモクラシーそれ自体の姿」を見いだしたからであり、ある意味で、アメリカはその額縁に過ぎなかったからである。トクヴィルにとってのアメリカとは、「デモクラシー」の発展が何の障害もなくその限界にまで達した社会である。もし、このような彼の言葉が真実であるとすれば、本の主題はあくまで「デモクラシー」であり、アメリカはその一例に過ぎないことになるだろう。

しかしながら、『デモクラシー』第一巻を冒頭から見ていくならば、その印象は修正されざるをえない。序文に続いてまず紹介されるのは「北アメリカの地形」であり、次に詳述されているのが、アメリカの歴史的な「出発点」だからである。つまり、地理的条件と歴史的条件という、アメリカに固有な主題こそが、この本の最初に取り上げられているのである。その後も、当時のヨーロッパ人の目から見てきわめて独特に映ったであろう、アメリカの具体的な諸制度がテーマ別に論じられていく。「アメリカ人がデモクラシーのとりうる唯一の政治形態を発見したとは、とうてい信じられない(2)」としてアメリカを相対化するトクヴィルであるが、『デモクラシー』は同時に、このアメリカが採用した政治形態とそれを支える諸条件に対する、彼の尽きることのない関心によって貫かれているのである。これが『デモクラシー』という本の基本的性格を複雑なものにしている。

このように、『デモクラシー』においては、「デモクラシー」という人類の共通の未来を探るという目的と、きわめて独特なアメリカの制度と社会を検討するという目的とが、複雑に入りまじっている。しかしながら、問題は、この二つの目的がかならずしも合致するとは限らない点にある。

もちろん、トクヴィルがいうように、アメリカにおいて「デモクラシー」を論じることの利点も小さくない。すなわち、ヨーロッパにおいても平等化は進みつつあるが、いまだその進展を妨げる障害も大きい。これに対し、アメリカではその出発点において旧大陸のような身分制が存在せず、広大なフロンティアの存在ゆえに、新たに自由農民を創出することも容易であった。したがって、ヨーロッパにおいて、平等がそれに対する激しい抵抗を暴力的に退けることによって、いいかえれば、革命によってはじめて実現したのに対し、アメリカにおいては、平等がいわば所与の状態であった。革命によって平等を実現した旧大陸においては、革命という激しい衝撃に対する反動も起きやすく、そのような反動はさまざまな負の副産物をも生み出すことにもなる。これに対し、平等が所与である新大陸においては、平等が生み出す社会のより自然な姿を見ることができる。そのようなアメリカ社会には、結果として、「デモクラシー」の良い部分も悪い部分も、きわめて明瞭に現れるであろう、というのがトクヴィルの見通しであった。

しかしながら、このようなトクヴィルの問題提起に対しては、次のような反論もありえよう。すなわち、仮にアメリカが平等を所与とする社会であるとしても、そのような社会をはたして「デモクラシー」の一般例としていいのだろうか。というのも、多くの社会においてはむしろ不平等の方が所与であり、平等化が進展するとしても、そのような不平等との対決を通じて、一歩一歩、あるいは急激に実現していくものだからである。そもそも、身分制の過去をいっさい持たない社会など、アメリカ以外のどこに存在するのか。むしろ「デモクラシー」がなんらの障害もなく実現する社会の方が特殊なのではないか。

このような反論は、究極的には、アメリカがどれだけ「デモクラシー」一般を体現しているのかという問題に行き着く。「はじめに」でも触れたように、トクヴィルはこの問題について、けっして無自覚ではなかった。むしろトクヴィルは、何が「デモクラシー」的であり、何が「アメリカ」的なのかを、慎重に見極めようとしている。にもかかわらず、『デモクラシー』という著作が、この両者をなるべく分離しないような形式で書かれていることもまた事実である。概念的には「アメリカ」的なものと「デモクラシー」的なものとを区別しつつも、実際の議論においては両者を一体化して論じることこそが、トクヴィルの選択であった。したがって、『デモクラシー』を読むものは、一見したところ、見分けがたい形で描写されている両者を、注意深く読み分ける必要があることに留意しなければならない。

『デモクラシー』がたどった運命

このような『デモクラシー』の独特な性格は、この著作がその後たどった運命にも影響を及ぼしている。すなわち、『デモクラシー』は、そこで描かれているアメリカと、著者の祖国フランスとで、対照的な読まれ方をされるようになったのである。まずアメリカにおいて、『デモクラシー』は外国人の著者による作品であるにもかかわらず、次第に古典としての地位を獲得していった。現在、アメリカ政治思想の古典としてまずあげられるのは、『ザ・フェデラリスト』と『デモクラシー』である。このうち『ザ・フェデラリスト』はアメリカ建国の父による古典であり、アメリカ憲法体制の創設者たちの考えという特別な権威を持っている。これに対し、『デモクラシー』は、ある一外国人が特定の時期のアメリカ社会を観察して書いたものにすぎない。にもかかわらず、『デモクラシー』はやがて外国人著者による作品であることを意識されなくなり、アメリカ人にとって、時代時代において自らの社会を再確認するための〝鏡〟の役割を果たすようになっていった。

もちろん、彼の著作が刊行と同時にアメリカにおける古典の地位を獲得したというわけではない。例えば「多数の暴政」の指摘については、ジャクソニアン・デモクラシー全盛期のアメリカにおいては、大きな反発を生み出した。またその凡庸さをことさらに強調するトクヴィルのアメリカ文化評価についても、貴族的偏見を批判する声が少なくなかった。とはいえ、一九世紀から二〇世紀初頭にかけての歴史の展開の中で、さまざまな浮き沈みを経験しつつも、『デモクラシー』がやがて確実にアメリカ社会の自己理解の重要な一部となっていったことは間違いない。

これに対し、『デモクラシー』とその著者は、著者の祖国フランスにおいて、急速に忘れられた存在になっていった。たしかにトクヴィルはこの著作によって一躍注目を浴び、「一九世紀のモンテスキュー」という評価を得ることになった。彼はこの評判を足がかりに、アカデミー・フランセーズ、そして政界へ進出していく。ところが、このように生前、思想家としての名声を確立したトクヴィルであるが、その死後、第二帝政から第三共和政へと移行していくなか、次第に「忘れられた思想家」になっていった。とくに彼の晩年のもう一冊の大著『旧体制と革命』が、フランス革命論として、またヨーロッパ諸国間の比較政治近代化論として、それなりに読み継がれたのに対し、『デモクラシー』はフランス人読者にとって関心の対象ではなくなっていく。

『デモクラシー』がたどった、米仏における対照的な運命はいったい何を意味するのだろうか。それは何よりもまず、『デモクラシー』が圧倒的にアメリカ論として読まれた、という事実であろう。すでに指摘したように、『デモクラシー』はあくまでフランス人の視点から、第一義的にはフランス人読者を念頭に書かれた書物である。そこに描かれたアメリカ像は、その観察の正確さもさることながら、むしろフランス人読者に対して与えるインパクトを重視して描かれている。かつてモンテスキューは『ペルシア人の手紙』において、架空のペルシア人に仮託して同時代のフランス絶対王政を語らせ、そのことによってフランスの現状を相対化、あるいは異化することを試みた。トクヴィルはこのモンテスキューの手法を受け継ぎ、架空のペルシア人ではなく、現実のアメリカ観察によって、同時代のフランス社会に対する自らの視座を提示しようとしたのである。

しかしながら、トクヴィルのこのような意図はアメリカ人読者には伝わりにくいものであった。最初から翻訳でこの本を読むアメリカ人読者にとって、フランス人という異邦人の視点がもたらす異化作用はほとんど見失われてしまうからである。トクヴィルがアメリカの制度や実践を高く評価している場合、その多くは、フランスにおける現状を批判することを意図してのものであった。一例をあげれば、アメリカにおける宗教の政治的役割や結社活動の活発さに対するトクヴィルの高い評価は、けっして無条件のものではなかった。それはむしろ、あくまでフランスとの対照を浮き彫りにするための戦略の一環として理解すべきものであったと言っていい。しかしながら、そのようなニュアンスはアメリカ人読者には伝わらず、文字通りの礼賛として受け取られることがほとんどであった。

対するにフランス人にとって、アメリカ——少なくともトクヴィルの描き出すような——は、自国と比較するには、あまりに特殊な社会と見なされた。トクヴィルが活躍した七月王政から二月革命にかけての時期は、産業化が進みゆくなかで、経済的不平等の拡大による階級対立が大きな社会問題となった時代である。しかしながら、トクヴィルの『デモクラシー』が描き出すアメリカ社会は、あたかも激しい階級対立が存在しないかのようであり、その意味で、フランス人読者にとってはリアリティのないものであった。また大革命後も、共和政、王政、帝政と、激しい政体の変更を経験したフランスにとって、革命とそれに対する抵抗や揺り戻しは、きわめて緊急性の高いテーマであった。にもかかわらず、『デモクラシー』のアメリカは、そのような抵抗や揺り戻しのまったく存在しない社会として描かれている。したがって、フランス人の視点からすれば、『旧体制と革命』はともかく、『デモクラシー』が自らの社会の重要課題とは無縁な著作として映ったとしても、無理のない話であった。

このように、『デモクラシー』があくまでアメリカ論として読まれるかぎり、アメリカでは古典として定着するものの、フランスでは忘却されざるをえなかった。しかしながら、第二章でも検討したように、トクヴィルの平等化の人間学は本来、新旧大陸の区別を越えるものであった。そうだとすれば、あくまで「デモクラシー」を主題とし、アメリカとフランスにおけるその対照的な展開を描き出そうとしたトクヴィルの意図は、歴史の発展のなかで次第に見失われていったと言わざるをえない。そしてその責任の一端は、「デモクラシー」的なものと、「アメリカ」的なものとを、見分けがたい形で描いたトクヴィルにもあるということになる。

トクヴィル復活の意味するもの

それでは、二〇世紀末から二一世紀初頭にかけての、米仏におけるトクヴィルへの関心の復活は、どのように理解することができるだろうか。

『デモクラシー』がその古典としての地位を確立してから久しいアメリカにおいても、近年のトクヴィルへの関心の高まりは顕著である（ちなみにアメリカにおけるトクヴィルへの関心は、今日に至ってもなお『デモクラシー』に圧倒的に片寄り、『旧体制と革命』への関心はけっして大きくない）。多面的な性格を持つトクヴィルの『デモクラシー』は時代ごとに多様な読まれ方をしてきたが、第二次大戦後の一九五〇年代には「全体主義の予言者」、「大衆社会論の先駆者」として注目され、六〇年代においては公民権運動や女性解放運動と連動して「平等の理論家」として読まれた。このように、どちらかといえば左派、アメリカの文脈でいえばリベラル派からの注目が目立ったトクヴィルであるが、近年においては、ある研究者の言葉を借りれば、「知的右派のお気に入り」（ジェームズ・シュライファー）となりつつある。というのも、トクヴィルといえば、人と人との社会的紐帯の希薄化に警鐘をならした人物であり、家族、コミュニティ、宗教の役割を強調し、社会におけるコンセンサス形成を何よりも重視した思想家として描かれることが多くなっているからである。

このようなトクヴィルへの関心のあり方は、現代アメリカにおいて広まる、アメリカ社会は自らの良き伝統を失いつつあるのではないか、という不安の意識と密接に結びついている。トクヴィルの描いたアメリカは、明らかに、過去のある特定の時期のアメリカである。

しかしながら、そのことはむしろ、アメリカ社会のある種の〝原像〟がそこに見いだせるのではないか、という期待ともつながりうる。『デモクラシー』は、アメリカ人にとって、時代時代において自らの社会を再確認するための〝鏡〟の役割をはたしてきたと書いたが、現在、まさにアメリカ人はこの〝鏡〟をじっと見つめ、そこに自分の真のアイデンティティを探そうとしているかのように見える。

フランスにおけるトクヴィルの復活はより劇的であった。長らく「忘れられた思想家」であったトクヴィルへの関心は、二〇世紀の終わりになって急速に甦った。大きなきっかけはマルクス主義の後退である。フランスにおいて『デモクラシー』への関心を低下させてきた原因が、すでに指摘したように階級対立の激化と革命の問題であったとすれば、マルクス主義はまさに階級対立と革命を主題化した思想であった。そうだとすれば、八〇年代以降、トクヴィルへの関心が甦ったとすれば、それはマルクス主義の、さらにいえば、その背景となる階級対立や革命を主眼とする言説一般の影響力の後退、およびそれに代わる新たなパラダイムの模索と、表裏をなしているはずである。この、いわば「マルクスからトクヴィルへ」という知のパラダイムの移動は、ソ連社会主義体制への批判や、フランス革命史学における正統派の歴史観への異議申し立てをきっかけとし、次第に新たな民主主義論や市民社会論へと広がりを見せるようになっている。

しかしながら、ここまでの議論でも示されているように、もしフランスにおいて今日、『デモクラシー』への関心の高まりが見られるとすれば、それは何よりも、フランスにおけるアメリカへの新たなる関心、そしてフランスをアメリカとの対比において捉えようとする関心の拡大と不可分なはずである。かつてトクヴィルがアメリカ社会像として描いたものが、あまりにフランスと異質に見えたとすれば、今日それはフランス社会の現状と未来を考えるうえで、重要な意味を持つと考えられるようになっているのである。

その原因の一つは、唯一の超大国になったアメリカの国際的影響力の拡大であろう。それまでなら、単にアメリカに特殊なテーマと思われたようなことがらも、もはやそのようなものとして等閑視できなくなっている。しかし、それ以上に、ここ一世紀、あまりに異質と思われていたアメリカ社会とフランス社会の歩む軌跡が、再度接近してきた、あるいは接近していると認識されるようになってきているということが重要である。これまで階級対立と革命の問題がアメリカとヨーロッパとを隔ててきたとすれば、現在、むしろ階級対立と革命の問題の陰に隠されてきた平等化のダイナミズムの持つインパクトが、より大きく映るようになっている。結果として、アメリカとフランスとは比較を越えたものではなく、「デモクラシー」の視点から米仏両国を比べてみようとするトクヴィルの試みは十分に意義を持つ、という判断が急速に常識化しつつある。

しかし、このことはあらためて『デモクラシー』の持つ両義性を再検討する必要を増大させるであろう。『デモクラシー』で描かれているアメリカ社会像が、どこまで「デモクラシー」的で、どこまで「アメリカ」的なのか、このことを厳密に区別することなしに、「デモクラシー」という視点による比較を行うことは不可能だからである。したがって、以下では、『デモクラシー』のさらなる読解を通じて、そこに暗示されている「アメリカ」的なものを探っていきたい。

2　政治的社会としてのアメリカ

〈民主的人間〉は秩序を作ることができるか

第一章でも述べたように、トクヴィルがアメリカに来た際の最初の問題意識の一つは、はたして民主的な共和国は実現可能なのか、それもアメリカのように広大な領土を持つ国家において実現可能なのか、ということであった。このような問題意識の前提に、共和国は小国においてのみ可能であるとするモンテスキューの議論があったことはすでに触れた通りである。これに対し、トクヴィルの眼に映ったアメリカ人は、けっしてモンテスキューがいうような、自らの私的利益を犠牲にしてでも公共の利益のために尽くす人々ではなかった。にもかかわらず、彼らは、自治や陪審の活動を通じて、長期的に見た自分の利益がけっして社会の一般的利益と矛盾するものではないことを知り、むしろ両者は不可分のものであるということをよく自覚した人々であった。トクヴィルはこの観察に基づき、アメリカ人は、さらには〈民主的人間〉は、「正しく理解された（自己）利益」によって社会を動かしていくことができると結論した。トクヴィルはこの判断について、『デモクラシー』全体を通じて、さらに考察を深めていく。

一見すると、このような命題——有徳とはいえないが自らの真の利益を知る人民によって、民主的共和国は維持されうる——はあまりに楽観的なものに見えるかもしれない。しかしながら、この命題は、トクヴィルの思考全体を支える大きな意味を持つものであった。このことは、『デモクラシー』の章のタイトルからもうかがえる。トクヴィルの『デモクラシー』は第一巻と第二巻に分かれているが、その第一巻もまた、大きく前半と後半とに分けることができる。『デモクラシー』第一巻の前半、すなわち第一部では、アメリカの地理・歴史・制度が具体的に検討されているのに対し、後半では、そのような検討を踏まえたうえでそれらの意味が問い直されている。その問い直しの主たるテーマは、その最初（「合衆国では人民が統治するとまさしく言える事情」）と最後（「合衆国で民主的共和政の維持に役立っている主な原因について」）の章のタイトルが示している（人種問題を扱った第一〇章を除く）。すなわち、はたしてアメリカでは真に人民主権によって民主的共和国が運営されているのかどうか、また、もしそうであるとすれば、それが可能になったのはなぜかということこそ、トクヴィルの考察の課題であった。

逆にいえば、トクヴィルにとって、真に人民主権によって民主的共和国が維持されるとは、容易には信じがたい事実であった。というのも、トクヴィルによれば、平等化した社会において、〈民主的人間〉はそれ以前の社会を構成してきたさまざまな上下関係やヒエラルキーを否定してしまうからである。「デモクラシー」は、それまでの親子のあり方からはじまって、男女の関係、主従の関係、教師と生徒の関係、そして社会の関係一般を、根本から覆してしまう。誰が誰の上位に立ち、権威を持つかは、もはやまったく自明性を失うのである。いかなる上下関係も自然のものとは認められなくなり、あらためてその根拠を問い直されるのが「デモクラシー」の社会であった。

そのような「デモクラシー」の社会において、およそ秩序というものは成り立ちうるのだろうか。そして、「デモクラシー」の社会は、自らの秩序原理を持ちうるのか。そのような疑問は、けっして貴族出身のトクヴィルの偏見とばかりは言えないだろう。トクヴィルがそうしたように、「諸条件の平等」という原理をその論理の限界まで突きつめるとき、およそ秩序はなり立たないのではないかという疑問は、自然にわき起こるものである。したがって、トクヴィルのアメリカ観察は、単にアメリカという社会の観察であるばかりではなく、このような抽象的な問いに対する具体的な解答でもあった。

「人民主権」と「平等な自由」

〈民主的人間〉は秩序を作ることができるかという問題を考えるうえで、トクヴィルのいう「人民主権」について、さらに検討してみることが有益である。トクヴィルは「人民主権」という言葉を、そのアメリカ分析のポイントとなる箇所でしばしば用いている。ところが、実をいうと、『デモクラシー』のどこを見ても、その明確な定義は存在しない。

「人民主権の教義が支配する国ではどこでも、各人は主権者の等しい一部を構成し、国家の統治に平等に参加する」(3)とするトクヴィルであるが、そもそも、主権とは何かについて、とくに紙幅を割いて議論を展開していない。トクヴィルの同時代においても、たとえばフランソワ・ギゾーが、君主主権でも人民主権でもなく、社会の体現する理性にこそ主権が存在するという「理性主権」といった議論を苦心して展開しているのと比べたとき、トクヴィルのこの問題への無頓着さが目につく。少なくとも、彼には主権論を抽象的に展開するつもりはなさそうである。

他方でトクヴィルは、「人民主権の原理はほとんどあらゆる人間制度の根底に多少は見出されるものであるが、通常は底深く埋もれている[4]」という主張もしている。トクヴィルによれば、イギリスの支配の下、アメリカのイギリス系植民地の大部分において、「人民主権」はすでに「起動原理」として胚胎していた。しかしながら、アメリカ独立革命に至るまで、この原理はタウンシップの中に潜んでいた。それが、革命をきっかけにタウンシップの外に溢れ出て、やがて、タウンシップから郡へ、郡から州へ、そして州から連邦へと拡大し、やがてアメリカの政治体制それ自体の根本原理となっていったというのである。

結局のところ、トクヴィルがいう「人民主権」とは、すでに触れた第一巻後半の最初の章のタイトルにもあるように、「人民が統治するとまさしく言える」ということに等しいようである。多くの国々において、為政者は自らの支配する人民の意思の名において、その支配を正当化する。あるいは、あらゆる擬制を用いて、人民が支配しているかのような外観を作り出すのに腐心している。これに対し、アメリカにおいては、統治にあたっているのは、まぎれもなく人民自身である。「神が宇宙を統《す》べられるように、人民がアメリカの政治の世界を支配している。人民こそ万物の原因であり、目的である。すべてはこれに発し、すべてはこれに帰する[5]」。

なぜ、それがアメリカにおいて可能になったのか。トクヴィルによればまず、アメリカの土地はそもそも貴族制の成立を許さなかった。開拓すべき広大な土地を前にすべての人は自ら耕作にあたらざるをえなかったからである。しかも、均等分割を原則とする相続法があり、さらには「初等教育は万人の手の届くところにあるが、高等教育はほとんど誰も手が出ない[6]」という環境ゆえに、知的な意味での貴族制も成立しにくかった。そのような平等な社会状態はやがて政治の世界にも入っていった。「他の点で平等な人間が、ある一点でだけ永久に不平等だとは考えられまい。いずれは、あらゆる点で平等になるであろう[7]」。

しかし、政治的な平等という場合において重要なのは、人々が平等に自由になるか、あるいは平等に隷属するかという、二つの選択肢があるということである。イギリス系のアメリカ人は幸福にも、前者を選ぶことができた。強者を引き下げるのではなく、万人が平等に力を持つことを選んだのである。ここにトクヴィルは、イギリス系アメリカ人の政治的成熟の原点を見いだす。

より具体的にいうならば、イギリス系のアメリカ人は、各個人が等しく権利の担い手であることを受け入れた。そして、各人が自分の利害の唯一最善の判定者であることを承認したうえで、他の個人と共有する利害については、相互に義務を負うことを承諾した。「人が社会に従うのは、自分が指導者より劣っているからでも、自治能力が他人より低いからでもない。仲間と手を結ぶことが有益に思われ、しかもこの結合はある調整権力なしには存在しえないことを知っているから、社会に従うのである」[8]。各個人は自己にのみ関わる利害の最善の判断者であるが、他の諸個人と共有する利害、すなわち「社会的な利害」については相互調整に服する。このような、完全な平等性に立脚した自治の精神こそ、トクヴィルのいう「人民主権」の原理にほかならなかった。このような原理は、理屈としては旧大陸においても理解されていた。しかしながら、新大陸の地においては、このような原理が具体的な日々の生活のなかで現実化し、定着していったのである。「人民主権」の原理はタウンシップにおいて育まれ、やがて同様の精神のうえに、連邦政府が構成された。

トクヴィルの見るところ、ここで示された「平等な自由」こそ、〈民主的人間〉が秩序を作るにあたって、もっとも根本的な原則であった。「自由と平等が接触し、渾然一体となる極点を想像することはできる。あらゆる市民が政治に参加し、各人が平等な参政権をもつと想定してみよう。（中略）人々は誰もがまったく平等であるがゆえに完全に自由であり、また、まったく自由であるがゆえに誰もが完全に平等であろう」[9]。トクヴィルは、自由と平等が論理必然的につねに相伴うものではないことを認めたうえで、さらにいえば、両者の間に緊張があることを認めたうえで、両者が完全に一致するという極限的な理念を提示したのである。

この原則は、現在ではむしろ、あまりに単純かつ当たり前のものに思われるかもしれない。しかしながら、トクヴィルの指摘は、思想史的にいえば、自由と平等の不可分性を宣言したものとして、重要な意味を持っている。現代政治哲学においても、アメリカのジョン・ロールズが示す正義の第一原則はまさしく「平等な自由」である。またフランスのエティエンヌ・バリバールは自由と平等の不可分をあえて強調するために「平等＝自由」(égaliberté) という言葉を造語している。トクヴィルはまさにこの原理こそが、平等社会の根本となるものであるとした。トクヴィルは、この原理を、抽象的な理念としてではなく、アメリカの具体的な制度や生活のなかで確認したのである。

垂直的統合原理を欠く、水平的な秩序原理

トクヴィルによれば、政治社会としてのアメリカの著しい特徴は、この「平等な自由」という根本原理によって律される諸個人間の横の関係を基礎に、さらにタウンシップ、郡、州、連邦へと、非ヒエラルキー的に、水平的な相互調整的な原理によってすべての秩序が構成されている点にある。このことは、「郡《カウンティ》より前に自治体《タウン》が、州より前に郡が、そして連邦より前に州が組織された[10]」という、アメリカ固有の歴史的事情にもよる。しかしながら、「デモクラシー」の歴史においてアメリカの事例が画期的なのは、上下間の支配－服従関係という垂直的な統合原理を極力排し、あくまで水平的な秩序原理中心に、複雑な社会を維持・運営している点にある。

　このことを示す一つの例としてトクヴィルがあげているのが、アメリカの政治家である。トクヴィルは「合衆国に着くとすぐに、私は被治者の中にすぐれた人はいくらでもいるの

に、為政者の側にはそれがどれほど少ないかに驚いたものである」[11]という。とくに建国期には偉大な政治家が多かったのに対し、その後、傑出した政治家はいなくなったとトクヴィルは嘆く。議会についても、とくに下院については、「ワシントンの下院議場に入ってみれば、この大会議場の俗っぽさに驚愕の思いをするであろう。往々にして、どんなに目を凝らしてもそこには一人の著名人も見出せない。ほとんどすべての議員は無名の人物で、名前を聞いてもどこの誰とも分からない」[12]と評している。

しかしながら、トクヴィルが重視するのは、アメリカという国がそれにもかかわらず問題なく動いている、という事実であった。すなわち、アメリカの政治体制は、かならずしも政治家の個人的有能さに依存せずに運営されているという事実こそ、トクヴィルが着眼したポイントであった。ちなみに、公職につく人間を律するにはいくつかの方法がある。アメリカにおいては、公職についた人間がその職務をきちんと果たしているかどうかをチェックするのは、その上位に立つ監督者ではない。それに代わって、アメリカでは、公職につく人間について大胆に選挙制を導入するという手段を選んでいる。公務員の行為をいちいちチェックするよりも、任期を限定することによって、その職につく人間を交代させることによって統制するというのが、その趣旨であった。

さらにアメリカの制度の特徴は、公職につく人間の選挙制を大幅に導入すると同時に、それにあわせて、司法権による政治のチェックを導入したことである。すなわち、公職につく人間の不正のチェックは、その行政行為によって不利益を被った個人が通常裁判所に訴え出ることによってなされることになったのである。このような手法は公務員の行政行為だけでなく、広く立法に対しても適用された。結果として、「なによりも個人の利害に訴える」[13]ことによって、アメリカの法体系は維持されている。もちろん、このチェックは完璧ではない。チェックは、個別の訴訟に即してしかなされないからである。アメリカの司法制度は、裁判所にあくまでも個別の訴訟に即してのみ判断する権限を許した。裁判所が示す判決は一般的原則を示すものではなく、個別の訴訟についての判断にすぎない。しかしながら、アメリカの制度の独自な点は、このような日常的な、一つひとつを見ればたいしたことがないように見える訴訟の積み重ねによって、結果として政治をチェックする仕組みを導入した点にある。この仕組みもまた、ここまで検討してきた、垂直的な統合原理を可能な限り縮減し、極力水平的な相互調整によって秩序を維持するという、アメリカの政治体制の根本原則の一環として理解できるだろう。

このことはさらに、公職につく人間から貴族的あるいはエリート的性格を奪うことにもつながった。優れた少数者の知恵よりも、健全な利害感覚を持った多くの個人の個別的な行為の積み重ねに期待するというのが、アメリカの政治制度の根本的な特質であり、トクヴィルは、この特質を高く評価したのである。結果として、あたかもアメリカにおいては「われわれが統治あるいは行政と呼ぶものがそこにはない」[14]かの外観を呈するようになった。法は執行され、すべては動いているが、にもかかわらず、「社会機構を動かす手がすぐに見えなくなるのである」[15]。

二つの集権と「小さな共和国」

このことと関連して、トクヴィルの議論の中でもよく知られている、二つの集権概念について触れておきたい。トクヴィルは次のように指摘している。「合衆国の行政権の仕組みには、組織の中心も頂点もまったく見られない。行政の存在が目につかないのはこのためである。権力は存在するが、どこにその代表者がいるか分からない[16]」。このことはもちろん無政府状態とは異なる。アメリカほど、法が強力に執行されている国はないからである。したがって、この国では、権力は確固として存在するといえるが、にもかかわらず、それは無制限ではないし、圧迫感を持つものでもない。このことを説明するためにトクヴィルが導入したのが、「政治の集権」と「行政の集権」の区別である。

アメリカでは、国の全体的利害や外交関係については、一元的な判断がなされている。トクヴィルに言わせれば、この点に関して集権化が実現していない場合、国力は分散化し、国家は存亡の危機に立つ。これに対し、国の全体的利害ではなく、ある特定の地域にのみ関する問題の処理についてまで、集権化を進める必要はない。それはむしろ、人々から自らの地域の問題に取り組もうとする意欲を奪い、依存心を増大させるからである。「住民が自分自身を、住んでいる土地の運命に無関係な一種の他所者《よそもの》とみなし」、自らの土地の問題を「自分にはなんの関係もなく、政府と呼ばれる外的な力に属するもの」とのみ考えるとき、「そこに臣民は見られるとしても、もはや市民の姿はない[17]」。トクヴィルは一国の存在に不可欠な、国の全体的利害に関わる問題についての集権を「政治の集権」、国民の自立心を奪う、地域のことがらにまでも中央政府が干渉するような集権を「行政の集権」と呼び、両者をはっきり区別する必要があると説いたのである。トクヴィルの見るところ、アメリカでは「政治の集権」が十分であるのに対し、「行政の集権」はほとんど存在しない。これに対しフランスでは、ルイ一四世の下、「政治の集権」だけでなく、これ以上ないほどの「行政の集権」が実現した。逆にドイツは「政治の集権」がそもそも存在しない（ドイツがプロイセンによって統一されるのは、トクヴィルの死後のことである）。

トクヴィルの見るアメリカは、タウンシップという「小さな共和国」のうえに成り立っている。合衆国の市民一人ひとりは、自治の活動を通じて、自分の住むタウンシップの諸問題を自分の問題として受け止め、他の市民とともに行動することを学んでいく。モンテスキューは、共和政は小国においてのみ可能であるとしたが、トクヴィルの見るところ、アメリカ合衆国は、タウンシップという「小さな共和国」のうえに、州、そして連邦が形成され、そのことによって結果として大国になっている。自治の精神という小国のメリットと、国民の多様性とそのエネルギーという大国のメリットを兼ね備えた国、それがアメリカというわけである。

地理的条件

それにしても、なぜアメリカでは垂直的統合原理が希薄であり、それに代わる水平的な秩序原理が発展したのか。トクヴィルのアメリカ観察の一つの鍵は、このような、一見したところユートピア的にも見える秩序を可能にしている、アメリカに固有な条件の探求であった。そこで次に、「合衆国で民主的共和政の維持に役立っている主な原因について」と題された章を見てみることにしよう。

そこでトクヴィルがあげている要因の第一は偶然的要因、とくに地理的条件である。トクヴィルは『デモクラシー』のなかの複数の箇所で、アメリカは地理的に孤立しており、強力な隣国が存在しないということを強調している。このことは、軽視されがちであるが、実は『デモクラシー』において、かなり重要な意味を持っている。というのも、一国の政治体制というものは、しばしばその国の内政問題としてのみ考えられるが、実は対外的要因とも密接に関わっているからである。トクヴィルによれば、ある国がいかなる政体を選ぶかは、かなりの程度、その隣国からの干渉やそれとの戦争の可能性の有無によって決まる。「民主的共和政がヨーロッパの一国で困難なしに存続するためには、他のあらゆる国でも一斉に共和政が確立されねばなるまい(18)」。このようなトクヴィルの考えの背景に、大革命後、隣国からの激しい干渉戦争にみまわれたフランスの経験があることは言うまでもない。また、もし対外的緊張が高ければ、必然的に軍事力が巨大化せざるをえないが、一国内における巨大な軍事力がその政治体制のあり方に大きな影響を及ぼさざるをえないという指摘も、ナポレオン支配を経験したフランス人トクヴィルならではのものである。このような、一国の政治体制は本来その国だけで決定できることではなく、隣国との関係性の中で決まってくるというトクヴィルの指摘は、アメリカに関してきわめて大きな意味を持ってくる。

というのも、トクヴィルの見るところ、アメリカは、このような一般的原則のかなり珍しい例外であったからである。「アメリカ人には隣人がなく、したがって、大戦争も、財政危機も、また戦災も征服も恐れる必要がない。膨大《ぼうだい》な租税も、多数の軍隊も、偉大な将軍も彼らは必要としない。それら全部を合わせたものより共和国にとって手に負えぬ厄介者である軍事的栄光ですら、彼らにはほとんど恐れるに足らない」(19)。旧大陸から遠く離れたアメリカは、独立戦争以後、旧大陸からの干渉を受けることなく、またその戦争に巻き込まれることもなかった。また、それを国是ともしたのがアメリカである。旧大陸の戦争に巻き込まれるのを避け、孤立を守ることを合衆国の原則としたのは、いわゆるモンロー宣言であるが、この原則はすでにワシントンがその退任演説で示したものであった。トクヴィルは、ワシントンの政治的遺言を印象深げに引用している。

このように、トクヴィルは、アメリカの奇跡的な水平的な秩序構成を可能にした原因のかなり大きな部分を、アメリカの地理的な環境にあるとしている。また、アメリカ人の持つ独特な国際政治観も、その地理的環境に大きく規定されているとする。一国の政治体制は、あくまでその隣国との関係の中で決定されるのが普通であるのに、そのような対外的要因抜きに、きわめて抽象的・理念的に一国の政治体制を決定できると考えるアメリカ人の特徴も、このような地理的原因によって説明することが可能であろう。

歴史的条件

アメリカにおいて、ある意味で実験的ともいえる秩序が現実のものとして機能している背景には、歴史的条件もある。ちなみに、トクヴィルによれば、アメリカはその歴史的な「出発点」がはっきりとわかる希有な存在である。一人の人間のすべてが、いわばその揺り籠の産衣《うぶぎ》の中にあるように、一国の「出発点」もまた、その後のその国の発展に多大な影響を与える。にもかかわらず、多くの国の場合、その国民の自意識、国民性が形成された頃には、その過去はすでに霧のなかにある。ところがアメリカの場合、その初期の移住者たちは、すでに明瞭な国民性と自意識を持っていた。トクヴィルによれば、彼らは多くの点で互いに異質であり、移住目的も異なっていたが、それにもかかわらず、「前世紀の終わりに英国の軛《くびき》を一斉に振り払った一三の植民地は、(中略) 同一の宗教、同一の言語、同一の習俗をもち、またその法制もほとんど同じようであった[20]」。

このような住民の同質性は、その後の合衆国の性格に決定的な影響を与えることになった。すなわちトクヴィルは、ここまで述べてきたような水平的な秩序原理による共和政体をアメリカにおいて可能にしたのは、まさしくこのような同質性に由来する、内部分裂の危険性の低さであったとする。一九世紀のヨーロッパ諸国において、階級対立と並んで民族間・地域間対立が重大な問題であり続けたのと比べると、このような住民の同質性は、アメリカにおける統一国家の創出にきわめて有利に働いた。トクヴィルは、「ヨーロッパのどんなに小さな国でも、国内のさまざまな地域の様子がアメリカのように同質的なところがあるか疑わしい」という。もちろんアメリカは、その後、多様な文化的背景を持つ移民を受け入れることで多民族社会として発展していったのだが、トクヴィルの見るところ、「出発点」の同質性、すなわち「イギリス系アメリカ人」によって刻印された政治社会としてのアメリカの基本的な同質性は、その後のアメリカの基本的な性格を形成していった。とくにニュー・イングランドこそが、アメリカの〝原像〟となったというトクヴィルの判断は、良い意味でも悪い意味でも、その後アメリカ史の〝常識〟となっていく。

トクヴィルは、初期移民たちを考える上で、彼らのなかの「自由の精神」と「宗教の精神」とを区別している。両者は他の場所では相争うことが多かったのに対し、アメリカでは、見事に結合したという。このうちの「宗教の精神」については次節で検討することにして、ここでは「自由の精神」について見ておこう。トクヴィルの見るところ、その起源にあるのは、祖国イギリスでの党派抗争の長い歴史であった。反対派となったとき、権力から身を守るために必要なのは権利の観念と自由の原則であるが、これをイギリス系移民はその厳しい現実の「政治教育」でたたき込まれてきた。とくに初期の移民たちの多くは、祖国において宗教的な迫害を受け、その信念を守るために新大陸に新天地を求めた人々であり、その多くは中産階級に属していた。結果として、彼らは政治的知識を持ち、自治の習慣を身につけていた。いわばその祖国でも一般的とは言い難かったような人間類型が、ニュー・イングランドの地で実験のように純粋培養されたのである。

ちなみにトクヴィルは、アメリカの採用した連邦制を「現代の政治学における一つの偉大な発見」[22]と呼んでいる。というのも、過去の連邦は文字通り複数の国家の連合体であり、連邦政府は必要な行動をとるにあたって、連邦を構成する諸政府の力を借りなければならなかった。これに対し、アメリカの連邦政府は市民一人ひとりを直接、相手にすることができた。具体的には一人ひとりの住民から直接税金を徴収し、自らの軍隊と裁判所を持つことができた。いわば、アメリカの連邦政府は、ある分野では、各州の上に立つ文字通りの連邦政府であるが、他の分野では、直接個々の市民に働きかける国民的な政府である。この両側面を兼ね備えたのがアメリカの連邦制度であり、その意味で、この連邦制はきわめて複雑である。「すべてが約束と工夫に基づい」たこのような制度をよく使いこなしうるのは、「自分の問題を自分で処理することに長い間慣れており、政治の知識が社会の最底辺まで行き渡っている国民[23]」だけである。この制度を単に模倣しても、それ以外の国民にはうまくいかないとトクヴィルはいう（トクヴィルは例としてメキシコをあげている）。その意味で、アメリカの初期移民における政治的成熟度の高さもまた、アメリカの独自な政治制度を可能にした歴史の偶然であった。

このように、トクヴィルはアメリカを、水平的な秩序原理が貫徹した社会として描いている。そのねらいは、政治的自由をよりよく保存しながらも「デモクラシー」が安定して運営されている貴重な実例として、アメリカの政治社会を示すことにあったと言える。ただし、トクヴィルは、これを「デモクラシー」の最善のモデルとして一般化することは注意深く避けていることに注意する必要がある。その理由は、ここでも指摘したようなアメリカの特殊条件であった。地理的・歴史的な条件に支えられた、ある意味でユートピア的ともいえる分権性を誇る政治社会、それがトクヴィルの描いたアメリカであった。

3　宗教的社会としてのアメリカ

「自由の精神」と「宗教の精神」

ところで、アメリカ社会の独自性はこのような分権性だけではない。トクヴィルが注目したもう一つのアメリカの特徴が、その宗教的性格であった。

ちなみに、話をいったん現代に戻すと、現代アメリカ政治において、キリスト教右派勢力のはたしている役割はきわめて大きいが、このことは、あらためて宗教的社会としてのアメリカへの注目を生み出している。この場合問題とされているのは、ただ単に、現代アメリカ社会におけるキリスト教勢力の政治的影響力の大きさだけではない。それ以上に、アメリカのいう「自由」や「民主主義」が、宗教的な教義から独立した純粋に世俗的な原理ではなく、実はいまだキリスト教的な価値観と不可分に結びついたものなのではないかという驚きが、世界に衝撃を与えているのである。自由や民主主義をあくまで政教分離に立脚する世俗的な原理として捉える傾向の強いヨーロッパ諸国にとって衝撃は大きかった。あるいはアメリカはヨーロッパとは根本的なところで異質な社会なのではないか、という困惑が広がりつつある。すでに指摘したように、全般的にはその接近が語られるアメリカとヨーロッパ諸国であるが、こと宗教問題に関しては、むしろ隔たりの方が注目されているのである。

本書にとって重要なのは、このことが、あらためてトクヴィルの『デモクラシー』への注目へとつながっていることである。というのも、トクヴィルはアメリカをキリスト教がきわめて重要な政治的役割を果たしている社会として描いているからである。現在、その意味が再び問い直されているのである。

トクヴィルは、アメリカ社会の「出発点」を説明するにあたり、その「自由の精神」が「宗教の精神」に裏打ちされたものであることを、これ以上ないくらいに強調している。アメリカ建国期における清教徒的なものの意義を重視するトクヴィル的な見方は、その後のアメリカにおける自己理解の一つの〝常識〟となっていった。「移住者、というよりいみじくも自ら巡礼者（ピルグリム）と称するこの人々は、信奉する原理の厳しさによって清教徒の名を得たイングランドの教派に属していた。ピューリタニズムは単なる宗教上の教義にとどまらず、いくつかの点で、もっとも絶対的な民主的共和的思想と渾然一体となっていた[24]」。このようにいうトクヴィルは、移住者たちが「神の栄光とキリスト教信仰の発展、そして祖国の名誉のため」、「相互の厳粛な同意によって神の御前に一つの政治社会を形成すること[25]」を誓っていることに注目する。そこに見られるのが社会契約と宗教的論理との、驚くべき結合ぶりであったからである。

しかしながら、同時にトクヴィルは、ニュー・イングランドにおける初期の立法に困惑も隠さない。「この時代の立法ほど独特で、また教訓に富むものはない。合衆国の社会が今日の世界に提示している大きな謎を解く鍵がまさにそこにある」[26]。すなわち、コネチカットの刑法には、瀆神《とくしん》、魔術、姦通、凌辱を死刑とするなど、「申命記、出エジプト記、レビ記からそのまま借りられている」[27]かのような規定が含まれていた。このような諸規定が「人間精神に嫌悪の念」を抱かせるものであることを認めつつ、トクヴィルはそのような宗教的情熱に支えられた初期移住者たちが、驚くほど政治的には自由の精神を実現していたということを詳細に論じている。

トクヴィルの観察がユニークなのは、アメリカの「出発点」において、そのような「宗教の精神」にもかかわらず「自由の精神」を実現していたというのではなく、両者が不可分一体であったとしたうえで、宗教と政治の関係についての根本的な反省を試みたことにある。トクヴィルは結論として、「自由の精神」と「宗教の精神」とはけっして必然的に矛盾するものではなく、むしろきわめて理想的な補完関係に立ちうると考えた。このようなトクヴィルの考えが、今日再度、その意味を問い直されつつあるのである。

フランスにおける政治と宗教

このようなトクヴィルのアメリカ観察それ自体を検討する前に、トクヴィルの祖国における政治と宗教との関係について確認しておく必要があるだろう。というのも、ここまで繰り返し指摘してきたように、『デモクラシー』におけるアメリカ観察は、あくまでフランス人の視点から、誰よりもまずフランス人読者を念頭においてなされたものであったからである。トクヴィルは、フランスの現状に強い危機感を抱いていた。フランスにおいて、カトリック教会とその聖職者はフランス革命の主要な標的となり、結果的に、カトリック教会は反革命勢力の陣営に属することとなった。以後、一九世紀全般にわたり、長くカトリック教会は政治的近代化の敵と見なされ続けたのである。

しかしながら、トクヴィルは、キリスト教は本来、自由の敵でもなければ、平等の敵でもないと考えた。とくにカトリックに関しては、神の前の人間の平等性という点で、むしろ平等と親和的であるとさえ述べている。「キリスト教のさまざまな教えの中でも、カトリシズムは諸条件の平等にもっとも好意的なものの一つである(28)」。

そのようなトクヴィルの眼に、フランスにおける事態はきわめて異常なものとして映った。フランスにおいて、「宗教は目下デモクラシーによって覆《くつがえ》された勢力に与《くみ》して」いる。しかしながら、それは人間の感情と思想の自然な一致に基づく、必然的な事態ではまったくない。むしろ、それは「奇妙な事態の連鎖(29)」によって生み出された例外的事態であるにすぎないとトクヴィルはいう。そうだとすれば、「宗教を信じる者は自由と闘い、自由の友は宗教を攻撃する(30)」というフランスの状況は、きわめて嘆かわしい状況にほかならなかった。

それではなぜこのような事態が生じたのだろうか。この点について、トクヴィルは『旧体制と革命』において、さらに検討している。トクヴィルは、フランス革命に大きな影響を与えた啓蒙思想が反宗教的かつ反教会的であったことを認める。しかしながら、彼によれば、

「キリスト教がこのように人々の激しい憎悪をかきたてたのは、宗教的教義としてよりむしろ政治的制度としてであった」[31]。すなわちカトリック教会の聖職者たちは、旧体制下において大土地所有者かつ特権の所有者であり、また聖職者の資格において国政全般に関与していた。フランス革命が打倒したのは、まさにキリスト教のこのような側面であり、逆にいえば、そこで批判の対象となったのは、聖職者が来世について語っていた部分ではない。その意味で、教会が所有していた土地の分割が進み、またその封建的諸特権が消滅するにつれ、再度信仰心の復活が見られたのは自然であったとトクヴィルはいう。

もう一点付け加えるとするならば、トクヴィルはフランス革命自体が「宗教的」な性格を持っていたと指摘している。すなわち、フランス革命はフランス一国における事件であるにはとどまらず、その勃発直後から、他国へとその影響が広がっていった。それはあたかも宗教における布教活動のようであり、革命を担った人々自身にとっても、自らの行っていることが、普遍的な意味を持つものであるという確信が存在した。トクヴィルはこのようなフランス革命の性格を「宗教的」であるとしているが、このようなトクヴィルの理解にしたがえば、それ自体宗教的性格を有するフランス革命が、カトリック教会をそのライヴァルとして敵視したのは、ある意味で必然的であった。

いずれにせよ、このようなトクヴィルの立場は、同時代のフランスにおいてなかなか理解されるものではなかった。自由と平等の敵、反革命勢力の同盟者というカトリック教会のイメージは強く、ひいては「宗教の精神」と「自由の精神」との対立関係こそが、人々の常識となっていたからである。当時のフランスには、カトリックの立場から地方分権を唱えるような政治的潮流も存在していたが、トクヴィルはこのような「カトリック自由主義」とも一線を画していた。結果として、きわめて孤独であったトクヴィルにとって、アメリカという実例の持った意味は大きかった。アメリカにおいて、宗教はけっして「デモクラシー」の敵ではない。「宗教の精神」と「自由の精神」とは密接に結びついている。このことを、トクヴィルはフランス人読者に知らせる必要があったのである。

政教分離

ただし、「宗教の精神」と「自由の精神」とが無条件かつ必然的に調和するとは限らない。そこでトクヴィルは、アメリカにおける両者の補完的関係を可能にしている条件を探っていく。そこでトクヴィルが得た結論は、「この国における宗教の平穏な支配の主要な原因」が、「宗教と国家との完全な分離[32]」にあるというものであった。聖職者はいかなる公職をも占めていない。州によってはそれが法律で禁じられている場合もあるが、それ以上に重要なのは、聖職者自身が自発的に権力から遠ざかり、自らの影響力を宗教固有の領域にとどめようとしていることである。

というのも、トクヴィルによれば、民主政治の実践において権力の所在はつねに変化し、政治において変化を免れるものはない。したがって、もし宗教が権力と一体化した場合、宗教もまた政治の不安定性に引きずり込まれることになる。しかしながら、宗教が精神における不変のものを追い求めるものである以上、このような政治との癒着が自殺行為に等しいということを、アメリカの聖職者たちはよく理解している。したがって、アメリカにおいて宗教の持つ政治的力が強いとしても、それは直接的に権力と結びつくものではなく、あくまで人々の信仰心に働きかけ、間接的に政治に影響を与えているに過ぎない。これがトクヴィルの結論であった。

このようなトクヴィルの分析が、どこまでが実際のアメリカ観察に基づき、どこまでが彼の考える宗教とデモクラシーの関係についての理想像の反映であるかは、議論のあるところであろう。実際、どの程度トクヴィルが当時のアメリカにおける宗教の状況を正確に把握していたかについては、疑問の声も少なくない。例えば、トクヴィルがアメリカを訪問した一九世紀の前半は、実はアメリカにおける宗教的大覚醒の第二の大きな波の時期にあたっていたが、トクヴィルはこれをどの程度把握していたのだろうか。

西部の開拓が進む中、フロンティアに入植した人々の心をつかみ、その信仰心の昂揚に大きな役割をはたしたのが、第二次大覚醒運動であった。一八世紀中のジョナサン・エドワーズらに代表される第一次大覚醒運動に続く、この第二次の大覚醒運動こそ、信仰面におけるアメリカのヨーロッパからの独立を実現し、今日に至る「コモン・メン」の宗教心の基礎を確立した運動であった。今日のキリスト教右派勢力を支えているのが、東部や西海岸のエリートではなく、むしろ中西部の福音主義的な信仰を持つ庶民であるとすれば、そのような人々の信仰の基盤が作られたのが、この時期であることに注目せざるをえない。その意味で、はたしてトクヴィルがこの動きをどれだけ正確に見ていたかについては、疑問が残る（この点に関して、参考文献にあげた髙山裕二論文を参照）。しかしながら、エリートや知識人レベルでの無神論的傾向と、民衆レベルでの宗教的傾向とを対照的に指摘するトクヴィルのアメリカ観察は、大きくいえばかなりの程度、正確なものであったと言えなくもない。

とはいえ、トクヴィルはアメリカでの観察と、自らの考える「デモクラシー」と宗教のあるべき関係についての考えを、無意識的に、あるいは意識的に混ぜ合わせていることは間違いない。この後者、すなわち、トクヴィルの考える「デモクラシー」と宗教のあるべき関係については、次の章でもう一度検討することとして、ここで確認すべきは、政治と宗教の密接な結びつきに関するトクヴィルの思考である。トクヴィルの見るところ、フランスにおける国家とカトリック教会との関係は、きわめて独特なフランスの歴史に由来する部分が大きく、したがってそれを「デモクラシー」と宗教の関係のモデルとして一般化することはできなかった。「デモクラシー」と宗教との関係ははるかに微妙であり、「デモクラシー」の拠って立つ精神的基盤と、宗教の根本にある精神的要素との関係については、さらなる考察の対象となりうるというのがトクヴィルの考えであった。

このようなトクヴィルの考察は、今日きわめて大きな意味を持っている。というのも、現代のフランスにおいて、公立学校におけるイスラムの宗教的スカーフ着用が大問題になっているように、ヨーロッパにおける政教分離とは、公的な場からのあらゆる宗教的要素の排除として理解される傾向が強い。しかしながら、アメリカにおける政教分離とは、聖職者と政治権力との直接的な結びつきや、それによる宗教的な少数派の抑圧を否定するものでこそあれ、けっして政治から宗教的要素をすべて排除することを意味していない。この違いは、今後の世界における政治と宗教との関係を考えるにあたって、重要な意味を持つ可能性がある。はたして、今なお宗教の政治的役割が大きいアメリカの方が例外なのか、それとも脱宗教化が進んだヨーロッパの方が例外なのか。政治と宗教の関係をめぐり、多様な考え方が併存する今日、しばしば一枚岩的に捉えられる欧米諸国内部においてさえ、重大な差異が存在することを示したトクヴィルの観察は貴重なものであったと言えるだろう。

アメリカ社会の独自性

このようにトクヴィルは、アメリカ社会をきわめて独特な個性を持つものとして描いている。すなわち、トクヴィルの見るところ、アメリカ社会は、第一に革命なしに平等を実現した社会であり、第二にきわめて分権的で、水平的な秩序原理によって運営されている社会であり、そして第三にきわめて宗教的な社会であった。このようなアメリカ社会の特徴は、ヨーロッパ、とくにフランスときわめて明確な対照をなすものであった。というのも、フランスにおいてはまず、フランス革命という大事件を通じてはじめて平等が実現したのであり、その後もさらなる革命と反革命との間で動揺が続いた。階級対立も激化し、それが一九世紀以降のフランス政治の一つの基調ともなっていった。次に、フランスを統一したのは強力な王権による垂直的な統合による部分が大きく、フランス革命後も中央集権化はさらに発展していった。さらに、フランス社会の政治的近代化は政教分離原則のうえに実現したのであり、とくにカトリック教会と対決して世俗性の原理を貫徹することは、一九世紀フランス国家の最大目標の一つとなっていった。

こうしてみると、中央集権なしにきわめて分権的で水平的な秩序を維持している点といい、宗教が今なお大きな政治的役割を果たしている点といい、フランスとの比較の視点において浮かび上がるアメリカ社会の相貌は、きわめて古風というか、ある意味でいえば、フランス的な政治的近代化以前の社会のようである。平等を所与とするという点も、階級対立のさかんなフランスからすれば、産業化以前の社会を思わせた。中央集権化以前的であり、政教分離以前的、そして産業化以前的でもあるアメリカ。これを、トクヴィルの戦略的な描き方の結果とみるか、あるいは多分に誇張されているとはいえ、たしかにアメリカ社会の一側面とみるかは、意見の分かれるところであろう。

しかしながら、トクヴィルの議論の最大のポイントは、このようなアメリカ社会の〝古さ〟が、けっしてただ単に古くさいのではなく、むしろアメリカにおける優れた「デモクラシー」の実践と不可分に結びついていると強調している点である。トクヴィルは、平等化のメカニズムが作動することであらゆる秩序の自明性が問い直され、場合によっては「多数の暴政」や「民主的専制」に陥る危険性を持つデモクラシーの社会において、このようなアメリカ社会の〝古さ〟が、むしろその弊害を是正し、安定したデモクラシーの運営に貢献する可能性を持つと考えたのである。もちろん、この場合、アメリカ社会の〝古さ〟とは未発達を意味するものではないことは言うまでもない。しかしながら、ヨーロッパにおける発展の図式からいえば過去の段階に属するとされる性質、一九世紀以降の歴史の中で失われていったとされる性質が、むしろ、ありうべき「デモクラシー」の不可欠の一要素となるという逆説。ある意味で『デモクラシー』という本の複雑さを大きくしているのは、トクヴィルによる、このような逆説の発見であったと言えるだろう。

第四章　「デモクラシー」の自己変革能力

ここまでの議論からも明らかなように、トクヴィルの思考は一種の往復運動にほかならなかった。トクヴィルはまず、自らがそのアメリカ観察において見いだしたものを、フランスの経験も念頭に置いて検証し、その結果を概念化する。次にいったん抽象化された概念を、さらにアメリカの文脈においてもう一度位置づけ直してみる。この知的営みを通じてトクヴィルは、アメリカの文脈ともフランスの文脈とも交錯しつつ、同時にそのいずれにも還元されない自らの〈思想〉を最終的に構築していったのである。

それでは、そのようなトクヴィルの〈思想〉において最後まで残ったのはいったい何だったのか。トクヴィルはあるべき「デモクラシー」の未来像をどのように思い描いたのか。このことを探るため、トクヴィルの思考の往復運動において最後まで中核的テーマであり続けた「結社」、「宗教」、「自治と陪審」の問題をもう一度検討してみたい。その作業を通じて、トクヴィルが最終的に目指したものの姿が浮かび上がるはずである。

1　結社

結社論の国アメリカ

トクヴィルがその生涯追い続けた問題に結社がある。トクヴィルは旅するなかで、アメリカがきわめて結社活動のさかんな国であることに気づき、これに強い印象を受けた。「アメリカは世界中で結社をもっとも多く利用する国であり、この有力な行動手段をこのうえなく多様な目的のために使う国である(1)」。

トクヴィルによれば、結社とは、共通の目的を実現するために、人々がその意志に基づいて集まってできた組織であり、とくにタウンシップ、市、郡といった、法律によって作られた恒久的な組織と区別されるものである。アメリカ人はこの結社の技術を、社会のあらゆる分野において活用している。その際、トクヴィルは二種類の結社を区別している。一つは政治的目的の結社であり、「政治的目的で結社をつくる無制限の自由が日々行使されている国は地上に一つしかない(2)」、それがアメリカである。その同じアメリカは、もう一つの結社、すなわち民事的目的の結社に関しても、「市民が結社の権利を市民生活の中で持続的に行使することを思い立ち、それによって文明の提供しうるあらゆる恩恵を手にすることに成功した世界でただ一つの国(3)」である。アメリカにおいて、二種類の結社がともに発展していることは偶然でないとトクヴィルはいう。政治的結社の活動の活発さの背景には、それにもまさる民事的結社の活動があると考えられるからである。トクヴィルが観察するところ、アメリカ社会はまさしく結社によって成り立っている社会であった。学校、病院、宿泊施設、道路、橋、教会、刑務所、祭り、書籍普及、伝道師派遣、さらには禁酒運動に至るまで、アメリカ人は生活のありとあらゆる側面において、結社を利用している。この民事的目的における結社こそ、アメリカ人に社会的組織化の技術を教え、他者と協力して何ごとかを達成することを人々に習熟させた最大の要因であった。政治集会や政党などの政治的目的の結社もまた、そのような技術の蓄積と普及に支えられているとトクヴィルは考えた。

しかしながら、アメリカ人はなぜ、かくも結社を活用しているのだろうか。トクヴィルは、このことを自らの祖国フランスとの対照において問題にする。ここで列挙したような事業の多くは、フランスであれば政府によって実現されるものである。結果として、住民は自らの生活にきわめて身近で重要なことがらでも、自分たちでどうにかしようとする前に、政府の力に頼ろうとする。これに対し、アメリカにおいては、タウンシップの住民たちは、自ら発案し、計画を立て、資金を集め、そして実行している。その鍵となっているのが結社である。すでに触れた、彼の「政治の集権」と「行政の集権」の区別もまた、米仏間のこのような対照に由来するものであった。

このような結社という発想それ自体は、アメリカ人がイギリスから持ち込んだものである。しかしながら、イギリスの現状を見る限り、結社活動はアメリカほど活発でない。そうだとすれば、アメリカにおける結社活動の活発さは、文化的伝統だけでは説明できないことになる。そこでトクヴィルが注目したのが、前章でも検討した、アメリカ社会における政府権力の弱さであった。アメリカはその独特の政治制度と建国の経緯により、連邦政府はもちろん州政府もまた、社会の公共財の提供者たるには無力であった。また、そのような公共財を個人の資格で提供するような、強力で豊かな市民も存在しなかった。このような条件の下、市民の側において、誰かに依存するよりも自らの力で自分たちの問題を処理していく精神が育まれた。これこそアメリカの特徴であり、それを支えたのが結社の技術であった。「民主的な国民にあって、諸条件の平等によって消え去った有力な個人に代わるべきは結社である」[4]。アメリカ観察に基づいてトクヴィルはそう結論する。

結社論の変化

このように、アメリカにおける結社活動の活発さは、トクヴィルに強い印象を残した。しかしながら、トクヴィルは、そこから直ちに結社について全面的に肯定的な評価を下したわけではない。とくに政治的な結社に関しては、微妙な揺れが見られる。このことは『デモクラシー』の第一巻と第二巻の比較からもうかがえる。すなわち、五年の間隔を置いて書かれた二冊の本のいずれにおいても結社論が取り上げられているが、その論調には微妙な違いが見いだせるのである。第一巻の結社論には、少なからず政治的結社に対する警戒感がうかがえる。すなわち、トクヴィルによれば、政治的結社の活動は、場合によっては社会の混乱を生み出す可能性があり、したがってその自由を無制限に認めるべきかどうかは、慎重に検討する余地がある。「結社の目的は意見を導くことで、これを強要することではなく、法に助言することで、これをつくることではない」(5)とするトクヴィルは、政治的結社が単に意見を導くだけではなく、自らの考えを実現するために実力行使を躊躇《ちゅうちょ》しなくなること、すなわち結社が「武器」になり、「軍隊」となることに大きな懸念を抱いていた。実際、この懸念はヨーロッパでは現実のものとなっていた。すでに見たように、アメリカにおいては根底にきわめて大きな社会的同質性が存在し、意見の対立も一定の範囲内に収まっているのに対し、ヨーロッパにおいては分極化がはなはだしく、恒久的な少数派は多数派を説得することを断念して、むしろ暴力的な行為へと流れがちであった。すなわち、ヨーロッパにおける結社は、人々を「説得しようとはせず、戦闘しようとする」(6)のである。このように分析するトクヴィルは、『デモクラシー』第一巻において、結社の活動がつねに合法的・平和的になされるとは限らず、むしろ社会の分裂と対立をもたらすこともありうるということを繰り返し述べている。

　これに対して第二巻では、結社への評価は懸念をはるかに圧倒している。「政治における結社の自由は人が考えるほど公共の静謐《せいひつ》にとって危険ではなく、それはしばらくの間国家を揺るがしても、その後はこれを強固にすることになるかもしれないと私は思う」(7)。もちろん懸念についても触れていないわけではない。が、あくまで付け足し的であり、基本的論調は結社の意義を強調する方に圧倒的に傾斜している。それでは、このような変化はなぜ生じたのだろうか。その理由を考える際に参考になるのが、第一巻と第二巻における結社を評価する際の基準の変化である。結社が、多数派による圧政や国家による権力濫用に対する防波堤となるという点については、大きな違いはない。しかしながら、第二巻において圧倒的に比重が高まっているのが、結社が個人と個人とをつなぐ紐帯を生み出す、という論点なのである。「デモクラシー」の社会において、人は「一人ではほとんど何をなす力もなく、誰一人として仲間を強制して自分に協力させることはできそうにない。彼らはだから、自由に援《たす》け合う術を学ばぬ限り、誰もが無力に陥る(8)」。

このような問題意識は、トクヴィルの〈民主的人間〉に対する洞察が進むにつれ、ますます深刻なものとなっていった。「デモクラシー」の基本的趨勢は、個人と個人との紐帯を解体する方向に向かうものであり、新しい専制は、まさにそのような個人の孤立を前提に成立する。そうだとすれば、結社、とくに政治的結社は、それに対する最大の抵抗の拠点となる。政治的結社は自己のうちに閉じこもりがちな個人を、抽象的な他者一般の影、すなわち「多数の声」の影響の下に従属させるのではなく、むしろ、一人ひとりの具体的な他者へと結びつけ、「デモクラシー」の社会における新たな社会的紐帯の基礎となりうるからである。逆に結社活動が活発でない「デモクラシー」社会においては、個人は砂粒のようであり、一人ひとりの個人は互いの結びつきを欠いたまま、自分と同様の砂粒から成る巨大な固まりの重みに圧倒される。『デモクラシー』の第二巻において結社の評価が著しく高まった背景には、このようなトクヴィルの危機感があった。

二月革命における結社批判

結社、とくに政治的結社は、「デモクラシー」の時代において、人と人とを結ぶ重要な役割を期待される一方で、すべての結社が「デモクラシー」の秩序と両立するとは限らず、むしろ社会の基本的秩序と対立することもありうる。このような結社評価の揺れは『デモクラシー』において見られるだけではなく、その後のトクヴィルの著作にも持続的に現れることになる。いったんはきわめて高い評価へと転じたトクヴィルの結社理解は、一八四八年のフランス二月革命において、再び大きく揺さぶられることになったのである。

二月革命とは、七月革命によって成立したルイ＝フィリップの王政における制限選挙への不満が高まり、これに反対する農民や労働者の運動によって、ついには王政が崩壊した事件である。ちなみにトクヴィルは、首相ギゾーをリーダーとするこのブルジョワ王政を元々高く評価していなかった。制限選挙によってきわめて同質性の高くなった議会は、けっしてフランス社会における多様な利害を代表していない。議会から排除された利害は議会外において暴発のエネルギーを蓄積している。王政末期の議会において、このような危惧を表明したトクヴィルに対し、議会は冷笑をもって迎えたと、彼はその『回想録』に記している。

しかしながら、ギゾーに反発し、野党陣営に身を置いたトクヴィルであるが、彼は同時に、二月革命を主導した勢力に対しても違和感を隠さなかった（ちなみに、このことが『回想録』の独特なトーンを生み出している。政界のインサイダーでありながら、いずれの党派にも強くコミットしないトクヴィルは、あたかも激動するパリ中を観察しながらさまよい歩

憲法制定委員会でのトクヴィル（着席左端）

く「都市の遊歩者」のようであった。彼の観察はけっして中立的ではないが、しかし独特の透徹さを伴っている）。彼は二月革命の中核にあったものを「社会主義」の名で表現している。トクヴィルによれば、反政府運動を担った人々の情念は「政治的」であるというより「社会的」であった。というのも、彼らは代議制への不信から、個々の政府ではなく、「社会をその社会が現在立脚している基礎からゆり動かすこと[9]」を目指したからである。「社会主義は二月革命の基本的な性格として、また最も恐るべき想い出としてあり続けるであろう[10]」とトクヴィルは記している。

二月革命後、トクヴィルは憲法制定委員に選出され、以後も議員であり続けた。後に成立するバロ内閣では短期間であるが外相にも就任している。しかしながら、革命によって成立した臨時政府は、国立作業場の設立を中心とするルイ・ブランらの社会主義的施策をめぐって内部分裂し、結果として排除された勢力の影響の下、六月蜂起と呼ばれる暴動が起きることになる。対するに、残された政府の側では次第に秩序維持・強化を目指して、保守化の色合いが強まっていく。このような状況において、トクヴィルの判断は次第に秩序維持の側に傾いていった。最終的にトクヴィルは、所有権の神聖さを説き、秩序と自由の名の下に反対勢力を弾圧することさえ肯定する「秩序派」の一員となっていった。トクヴィルが、「自由を救い出す残された唯一の手段は、自由を抑制すること[11]」であるとして、クラブを禁止し、新聞の自由を制限し、さらには戒厳状態を正規化するための法案提出者の一人となったのは、政治的結社の意義を高らかに説いた『デモクラシー』の著者として、実に皮肉なことであったと言わねばならない。

外相時代のトクヴィルの諷刺画（ドーミエ画）

　しかも、さらに皮肉なことに、結果として事態を収拾し秩序を回復したのは、トクヴィルら「秩序派」ではなかった。保守化した議

バロ内閣の諷刺画　トクヴィルは望遠鏡を手にしている

会に対してむしろ反発した民衆は、かつての皇帝ナポレオン一世の甥であり、反乱を二度も企てて牢獄に入ったこともあるルイ＝ナポレオンを秩序の収拾者として選んだのである。「秩序派」の推すカヴェニャック将軍を退けて大統領に当選したルイ＝ナポレオンは、やがてその伯父と同じく、国民投票によって皇帝となる（ナポレオン三世）。トクヴィルを政界引退へと追い込んだのは、まさにこのナポレオン三世であった。

「結社の理論家」としてトクヴィルを再検討するにあたって、この二月革命時のエピソードをどのように理解すべきであろうか。現代アメリカを代表する政治理論家シェルドン・ウォーリンは、トクヴィルに対し深い理解と共感の念を示しつつも、このときのトクヴィルの態度を厳しく批判している（『二つの世界の間でのトクヴィル』）。二月革命に参加した市民や労働者たちは、トクヴィルによって「暴徒」として描かれているものの、その運動の意図は共和国を擁護し、普通選挙権を維持し、労働権ならびに出版や結社の自由を確保することにあった。そうだとすれば、これら一般市民による自発的結社の活動は、まさにトクヴィルがアメリカで見つけた政治的結社モデルそのものではなかったか。『デモクラシー』のトクヴィルと、『回想録』のトクヴィルの間にはあまりに大きな断絶があるのではないか。ウォーリンはそう問い糾す。トクヴィルへの敬愛の思いを隠さないウォーリンの言葉であるだけに、重みのある批判であろう。

トクヴィル結社論の意図

ただし、これを単にトクヴィル個人の転向として考えるならば、問題は簡単かもしれない。青年期にアメリカを訪問したトクヴィルは、その結社活動に高い評価を与えたが、その晩年には保守化して、眼前に燃え広がるかのような「社会主義」の運動の激化に恐怖し、ついには結社の禁止を支持する側にまわったというわけである。しかしながら、このような理解が仮に一定の真理を含んでいるとしても、『デモクラシー』内部におけるトクヴィルの微妙な揺れをすでに確認した本書の立場からすると、その断定は問題を矮小化していると言わざるをえない。トクヴィルは元来、いかなる政治的結社であれ無限定に擁護するような立場からほど遠い人間であった。結社とは一定の目的を実現するために人々が集まってできたものである。その組織原理は諸個人の自発的な意志の結合であり、その限りで、既成の血縁・地縁原理、あるいは政治秩序から一定の独立性を持っている。その点にこそ結社という組織的原理の意義と特色があるわけだが、反面、そのような結社は場合によっては既成の秩序原理に対して激しく反発したり、それと矛盾する原理を掲げたりすることもありうる。

とくにアメリカにおける結社を考える場合、その原点として圧倒的に重要だったのが、宗教的な結社であったことを思い起こす必要がある。トクヴィルに遅れること七三年、アメリカの地を訪れ、トクヴィルと同じくその結社活動の活発さに驚いたのは、社会学者のマックス・ウェーバーであった。当時『プロテスタンティズムの倫理と資本主義の精神』を執筆中であったウェーバーは、アメリカが政教分離の原理が貫かれた国であるにもかかわらず、ある個人に対する社会的信用が、その個人が属する教会次第であることに強い印象を受けている(「プロテスタンティズムの教派と資本主義の精神」)。ウェーバーの見るところ、アメリカではさまざまな団体やクラブが発展しているが、そのモデルとなったのはキリスト教の教派(ゼクテ)であり、アメリカの団体やクラブは教派の世俗化したものにほかならなかった。ピルグリム・ファーザーズの建国神話を持ち出すまでもなく、教派とは信仰の強制に対抗し、信者の自発的な意志に基づいて結成された宗教組織であるが、ウェーバーは、この教派の世俗化したものとしてアメリカの団体やクラブの発展を捉えている。その意味で、教派的な組織が自発性・独立性への強い傾斜を持つことは言うまでもない。

しかしながら、興味深いことに、トクヴィルはアメリカにおける結社論を展開するにあたって、宗教的な側面についてはほとんど触れていない。もちろん、アメリカにおいて宗教のはたす役割をあれほど強調したトクヴィルは、結社論とは区別して宗教論をそれ自体として展開している以上、結社論においてはあえて宗教的側面には触れなかったのかもしれない。しかしながら、より重要なことは、アメリカの結社を論じるにあたって、トクヴィルが、中世ヨーロッパにおける封建社会の諸団体と比較して捉えていることである。「民主的な国において、政治的結社は国家を制御しようと欲する唯一の有力な私人のようなものである。だからこそ、今日の諸政府はこの種の結社を、かつて中世の国王が大諸侯を見たのと同じ目で見ている。ある種の本能的恐怖をこれに対して覚え、出会うたびに闘っている[12]」。

これは興味深い指摘である。実をいえば、ここにこそトクヴィルの理論的武器としての「結社」概念の秘密を見いだすことができるかもしれない。というのも、アメリカにおける結社の活動と、中世ヨーロッパにおける諸団体とは本来、少なからず異質なものであったからである。アメリカにおける結社が、平等な諸個人が互いに協力して、政府に依存することなく社会的活動を行っていくためのものであったとすれば、中世ヨーロッパの封建的な諸団体は、身分や特権に基づく不平等を前提に、その特権を盾に王権に自らの独立性を主張するものであった。にもかかわらず、トクヴィルは新大陸における結社を語る際に、暗黙のうちにそのイメージを旧大陸の封建的な諸団体とダブらせるのである。

その意図はどこにあったのか。おそらく、封建社会における諸団体が持った中間団体的性格に着目したのであろう。本来、アメリカの結社は、国家との関係が希薄であり、まして国家に対抗するという性格を持っていない。これに対し、ヨーロッパの中間団体は、国家と個人の間にあって両者を媒介したり、あるいは国家と対抗関係に立ったりするものであった。

ちなみに、フランス革命中の一七九一年に成立したル・シャプリエ法によって、フランスにおいては以後長く、結社の自由が厳しく抑制された。この規制は、旧体制において特権化されていたギルドなどの同業組合を、個人の自由な職業活動を妨げるものとして禁止するのみならず、労働者の団結権を否定したことでも知られている。この法律は、国家と個人の中間にある集団一般を敵視するものであり、その背景に、すべての社会関係を国家と個人の両極に分解した上で両者を再統合することを目指したジャン゠ジャック・ルソーの思想的影響を見いだせる。その意味で、トクヴィル結社論は、このようなフランスにおける反結社的傾向に対して、これを緩和、もしくは相対化することを意図したものであったと言えるだろう。

このように、トクヴィルの結社論は、ある意味で理論的なフィクションとしての性格を強く持っている。トクヴィルはアメリカで見いだした結社のイメージの上に、ヨーロッパ中世以来の中間団体のある種の性格を重ね、「デモクラシー」の社会において、その基本的な趨勢に対する抵抗の拠点としての役割を与えたのである。ただし、実をいえば、「アリストクラシー」における諸団体と、「デモクラシー」における結社では、その役割の方向性が逆であることに注意しなければならない。すなわち、不平等を基本的原理とし、異質性を基調とする「アリストクラシー」の社会において、中間団体は例外的にその内部に同質性を有した、いわば異質性社会に浮かぶ小宇宙であった。これに対し、平等を基本的原理とし、同質性を基調とする「デモクラシー」の社会において、結社はむしろ異質性を保持し涵養《かんよう》する、同質性社会に浮かぶ小宇宙とされる。トクヴィルが期待したのは、個人が異質な他者と出会い、異質な他者とともに行動することを学ぶ場としての結社であった。「感情と思想があらたまり、心が広がり、人間精神が発展するのは、すべて人々相互の働きかけによってのみ起こる[13]」とトクヴィルは考えたのである。

トクヴィルの結社論のねらいは、「デモクラシー」の中に、「デモクラシー」とは異質な原理を保持する要素を埋め込むことにあった。いわば、トクヴィルにとっての結社とは、「デモクラシー」社会に埋め込まれた〈外部〉であり、「デモクラシー」の基本的趨勢を相対化するものであった。たしかに結社が持つ一定の独立性は、場合によっては、社会の基本的秩序を揺るがすことにもつながりうる。しかしながら、このことは、「デモクラシー」社会において結社がはたす役割にトクヴィルが大きな期待を持ったことと矛盾するものではない。「デモクラシー」社会にあって、個人に自らと異質な他者と出会う場を提供し、新たな紐帯形成の基盤となるのが結社であり、そのことによって結社は「デモクラシー」社会の支配的趨勢に対する拠点となりうる。多様な結社により、「デモクラシー」の社会に異質性を挿入し、それを相対化する契機を構築することこそ、トクヴィルの目指したものであったと言えるだろう。

2 宗教

トクヴィルにとっての宗教

次にとりあげるべきは宗教である。前章で検討したように、「自由の精神」が「宗教の精神」と密接に結びついた社会というアメリカ像は、カトリック教会をめぐる対立が焦点化したフランスとの対比を強調するために、アメリカでの観察を自らの理想イメージに引きつけたものであるという印象が強い。しかし、そうであるとすればなおさら、アメリカという限定抜きに、宗教と「デモクラシー」との関係についてトクヴィルが考えていたことを再検討する必要があるだろう。

とはいえ、トクヴィルが宗教をそれ自体としてどのように捉えていたのかについて、一般的にまとめるのは容易ではない。というのも、すでに指摘したように、トクヴィルは自らの宗教的信念について生涯悩み続け、宗教についての確定的な意見を持つことにも躊躇し続けたからである。ただし、重要なのは、このトクヴィルの躊躇に関しても、いくつかの水準に分けて考えることができることである。

第一に、トクヴィル個人の信仰についてである。この点に関して言えるのは、トクヴィルはその生涯の最後の瞬間まで懐疑のなかにあり続け、最終的に決定的な回心を経験することがなかったであろう、という推測くらいである。トクヴィルの信仰人生は、青年時代の父親の書斎での経験以来、懐疑に悩まされ続けたものであった。その早い晩年、肺結核の治療のため保養地のカンヌに滞在し、結局そこで五三歳で死ぬことになるトクヴィルが、その最後の瞬間にいかなる信仰心を持っていたのかについては、これまで多くの議論がかわされてきた。しかしながら、アンドレ・ジャルダンらトクヴィルの伝記作家たちは、その最終的な答えについて慎重な姿勢に終始している。たしかに「トクヴィルの信仰は生涯揺らぐことがなかった」とする親友ボーモンの証言はある。とはいえ、それは熱心なカトリック信者であったトクヴィルの妻メアリーの懇請によって強いられたものであったという見方も強い。自らの個人的な懐疑を〈民主的個人〉の人間学として普遍的な問いにまで高め、それに答えることを生涯の課題としたトクヴィルの思考の軌跡を考えるとき、彼が決定的な回心を経験することなく、その生涯の終わりに至るまで自問を繰り返していたという方が、ある意味で自然と言えるかもしれない。

第二に、一人の人間に対して宗教が持つ普遍的な意味についてである。トクヴィルはたしかに、生涯、特定の宗派の教義に確信的に関与することはなかった。しかしながら、宗教には固有の領域があり、その領域における宗教の役割はけっしてなくならないということについては、トクヴィルはその確信を揺るがすことがなかった。それでは、宗教に固有の領域とは何か。トクヴィルに言わせると、人間はあらゆる生き物の中で唯一、自分自身や、自らの生への嫌悪の念を抱く生き物である。他の生物は、自らの生について好悪の感情を持たない。すなわち、自らの生についての反省能力を持たない。ところが、人間はその反省能力ゆえに、ときとして、自らの生に絶望し、それを嫌悪する。反省するということはすなわち、対象から距離を置くということであり、人間は自らの生に対して距離を置きうる生物なのである。にもかかわらず、同時に人間は限りなくその生に執着する生き物でもある。この両側面ゆえに、人間は宗教という「希望の、ある特殊な形式[14]」なしにはいられないとトクヴィルはいう。

自らの生の有限性を自覚し、それに絶望する人間。他方で、そのような有限性を超えたものとの関係において自らの生を意味づけたいとも願う人間。人間のこのような両側面こそが、宗教の存在理由を生み出す。そうだとすれば、信仰こそ自然であり、不信仰こそ偶然ではないかとトクヴィルはいう。また、このような固有の領域における宗教の意義は、いかなる時代、いかなる社会においても変わらないのではないかと主張する。それは「デモクラシー」の社会においても同様である。いや、むしろ「デモクラシー」の社会においてこそ、宗教の存在理由はますます高まるというのが、トクヴィルの独自の信念であった。

デモクラシーにおける宗教

このような信念の背景には、平等化のダイナミズムは人間の思考を「いま・ここ」に閉じこめてしまうのではないか、というトクヴィルの問題意識があった。「デモクラシー」の時代に、諸階級は混じり合い、不断に新しい事象が出現する。いわば、変化こそが社会の常態となるが、そのような状況において、人間の精神には、「いま・ここ」を超えるものを想像することが次第に難しくなっていく。かつて人の精神に世代を越えた意味を与える一方、その伝統に縛り付けてもきた家の観念は、長子相続に代わる土地の均等分割とともに消滅していく。かつて人に自己犠牲を美しいと思わせた、自己を越える価値への信頼もやがて失われていく。人は自らをその家系とも、あるいは自己を超えるような価値とも結びつけることができなくなるのである。結果として「人は抵抗し難い力によって自分自身の立場に引き戻される」[15]。「デモクラシー」の時代にあって、人間の道徳的な「想像力の羽ばたき」が「いま・ここ」を超えることはけっして容易でない。

それでは、〈民主的人間〉の思考が「いま・ここ」に閉じこめられたままでいいのだろうか。トクヴィルはそうでないと考える。彼は「デモクラシー」の発展の可能性を、人々の想像力の拡がりに見いだすからである。すなわち、「デモクラシー」の成否は、人々が自分と他者とのつながりを自覚し、自分の利益が長い目で見れば社会全体の利益と結びつくということを感じ取れるかどうかにかかっているというのである。トクヴィルは、「デモクラシー」の時代の個人に、自分を犠牲にしてまで自分を超えた価値のために尽くすことを期待しない。そもそも、自分の思考の拠って立つ基準や価値の絶対的な根拠を見いだすことができず、知的にきわめて不安定な状況に置かれる〈民主的人間〉に、ただちに超越的価値を信じろといっても無駄である。むしろ、〈民主的個人〉が「いま・ここ」からしか出発できないことを前提に、そこからいかに思考の幅を拡大していくことができるかが重要なのである。

トクヴィルは、ものごとを判断するにあたって、徳や卓越性よりも有用性を重視するアメリカ人の現実的な思考を、むしろ高く評価する。人々がその利益を追求しようとするのを否定してはならない。むしろ、この「利益」という観念を大いに活用し、ただそこで想定されるものを変化させることによって、結果的に人々の視野が広がればいい、トクヴィルはそのようにいう。「現世の幸福を手にするためにあらゆる機会に本能に抵抗し、日常のすべての行動を冷静に計算する人間を想定してみよう。原初的欲望の高まりに流されることなく、これに打ち克つ術を学び、生涯の恒久的利益のために一時の享楽を苦もなく犠牲にすることに慣れているとしよう(16)」。そのような人間は、「意志をもって直接徳に向かわないとしても、習慣によって知らぬ間にそれに近づく(17)」のである。

「私はだから市民に現世における未来を思う習慣をつければ、彼らを少しずつ、知らぬ間に宗教的信仰に近づけることになるのを疑わない。したがって、ある程度まで宗教なしで済ますことを人に許す手段こそ、おそらく、結局のところ、長い回り道を経て人類を信仰に引き戻すためにわれわれに残された唯一の手段なのである(18)」。トクヴィルは、宗教が「デモクラシー」の時代においてかつてと同様の姿では存続し得ないとしても、なおも「デモクラシー」社会の内部に宗教的なものの残る余地があると考える。利益という一見したところ、宗教とは無縁な発想ですら、ある種の導きによっては、人々が自分の未来を考えるためのきっかけとなる。トクヴィルは、習俗のあらゆるレベルを探りつつ、「デモクラシー」の時代において、人々の精神を未来へとつなげていくもの、人々の精神をより長い時間感覚と結びつけるものを模索した。トクヴィルがデモクラシーにおける〈時間〉の問題をいかに重視したかは、その宗教論や「正しく理解された（自己）利益」説からもうかがえるのである。〈民主的人間〉はいかに「いま・ここ」への従属から脱出するか、という課題にトクヴィルは挑戦し続けた。トクヴィルが宗教というテーマにおいて模索したポイントの一つはそこにあったと言えるだろう。

トクヴィルの「市民宗教」？

しかしながら、トクヴィルの宗教論には、さらに別の次元がある。それはすなわち、個人にとっての宗教ではなく、ある社会にとって宗教が持つ意味であった。この点に関して、トクヴィルは注目すべきことを言っている。「個人としての人間にとっては、信ずる宗教が正しいことが大いに役立つとしても、社会にとっては宗教の真偽が問題ではない。社会は来世を恐れることも、来世に期待することもない。社会にとってもっとも重要なのは、すべての市民が正しい宗教を信ずることではなく、一つの宗教を信ずることである」(19)。すなわちトクヴィルは、社会レベルで宗教を論じる場合、その基準は宗教の内実ではないというのである。さらにトクヴィルは、あるいは自分の姿を投影してか、次のような人間像を提示する。「信仰をもたぬ者は、もはや宗教を真理と信じてはいないが、しかしこれを有用だとはなお考える。宗教的信仰を人間の観点から考察して、それが習俗を支える力、法制に及ぼす影響を認めるのである」(20)。この二つの発言を結びつけるならば、トクヴィルは宗教の内実よりも、もっぱらその社会的有用性を論じることに、自らの立場を定めていることになるのではないか。

もちろんトクヴィルは、いかなる宗教であれ、人々が一つの宗教を信じていれば、それでいいと言っているわけではない。トクヴィルが念頭に置く宗教とは、特定の宗派の教義や形式とは結びつかない、宗教のごく一般的な性格を抽出したものであった。トクヴィルは、そのような宗教のエッセンスによって、政治社会の安定の基礎を確立しようとするのである。ちなみに、このようなトクヴィルの議論は、ルソーの「市民宗教」論を思い起こさせるものでもある。

ルソーは、よく知られているように、その『社会契約論』の終わりでいきなり宗教を論じはじめる。神や来世の存在、正しきものの幸福と悪しきものへの懲罰といった最低限の信仰箇条に、社会契約や法の神聖性を加え、これを主権者が「市民宗教」として定め、これに反するものを反社会存在として処罰すべきだというのである。多くのルソー読者を困惑させてきたこの「市民宗教」であるが、マキアヴェリやモンテスキューなど多くの政治思想家が関心を持ってきた、政治と宗教との関わりについての議論の系譜の上において理解すれば、それほど突飛な議論ではないことがわかるだろう。

すなわち、ヨーロッパ思想史においては、一方において、愛国心を養成するためには宗教を純粋に政治的利用してかまわないとする議論があり、他方において、宗教とは政治や世俗のことがらに一切背を向けた超越的なものであるという考えが存在した。ルソーの「市民宗教」論は、宗教の政治的利用を良しとする前者に対しては、政治と宗教の過度の一体化を批判しつつ、宗教の超越性のみを強調する後者に対しては、その政治への無関心を批判するものである。すなわち、宗教をあくまで政治とは独立した次元を持ち、国境を越えて一般的に人間に語りかけるものであるとしつつも、同時に個別の政治社会における社会性の基礎となることを期待したのが、ルソーの「市民宗教」なのである。

トクヴィルの考える宗教の「一般的性格」とは、まさにこのようなルソーの「市民宗教」論を継承するものであった。すなわち、トクヴィルはまず、古代の異教が、ある特定の国の制度や社会状態、あるいはその運命とのみ結びついていたのに対し、キリスト教が、国民の枠を超え、人間を人間とみなした点を高く評価する。しかしながら、キリスト教は、市民のその祖国への関係、とくにその責務については積極的に語ろうとしない。そうだとすれば、一人ひとりの人間に対して、神との関係と同時に他の個人との関係について一般的に規定するような宗教が必要なのではないか。トクヴィルはそのような視点から、宗教の「一般的性格」を次のように規定する。「宗教の一般的性格とは、一国民の法律、慣習、伝統によってその国民性に付加された特殊的なものとは無関係に、人間をそれ自体として捉えることである。宗教の主要な目的は、社会形態とは関わりなく、神と人間との一般的関係と、人間相互の一般的権利・義務とを規定することである」[21]。トクヴィルは、このようなものとしての宗教が確固として存在することは、ある社会にとってきわめて有用であるという。それらの諸規定は、平等化社会における平準化・相対化を越えた価値として示される必要があるというのである。

権利の観念

このようなトクヴィルの宗教論は、いささかわかりにくいものであるかもしれない。もちろんトクヴィルは、主権者が信仰箇条を定め、強制すべきであるとしたルソーと異なり、あくまで政教分離を大原則とし、公定宗教の存在を肯定しない。とはいえ、なぜ宗教によって「人間相互の一般的権利・義務」を規定する必要があるのか。このことを考えるための参考として、トクヴィルがいかに権利の観念を重視したかについて、一瞥《いちべつ》しておくことにしよう。

トクヴィルは、「権利の尊重なしに偉大な国民はない。いや社会すらないと言えるかもしれぬ(22)」という。社会が単に力によってのみ動かされているとき、その社会は理性と知性を備えた集団とは言えないからである。したがって、人間社会を真に人間社会とするのは権利の観念であるとトクヴィルは論じる。

しかしながら、その権利の観念すら、「デモクラシー」の社会では安泰と言えない。かつて権利の観念が宗教や道義の力によって支えられていたとすれば、現在、信仰は論理に道を譲り、感情は打算にとって代わられるなか、権利の観念はその基礎を脅かされている。それでは、「デモクラシー」社会には、もはや権利の観念を支えるものが存在しないのだろうか。トクヴィルは、権利の観念を人々の精神に根づかせるためには、それをすべての人に認め、平穏に享受させるしか道はないとする。その場合、とくに政治的権利が重要であるという。

日々自分の権利を行使することに慣れ、その権利を脅かされないとき、人々ははじめて他者の権利についても尊重するようになる。アメリカでは、社会の底辺にまでこの権利の観念が浸透し、それを尊重する文化が形成されているが、それはまさに、人々が自ら権利を持ち、それを行使することに習熟しているからである。このように、各個人の利益が権利の観念にまで昇華したとき、それははじめて「デモクラシー」の社会を支える基盤となる。「万物がこのように動揺する中で、人の心の唯一不動の点として残る個人の利益に権利の観念を結びつけることができないとすれば、世の中を治めるのに恐怖以外の何があるだろうか(23)」。

トクヴィルにとって、権利とは「デモクラシー」の社会に残るべき、最後の聖なるものであったのかもしれない。権利の観念は、人々の利益に対する執着を否定するのではなく、むしろそれを精神的に高めるものである。また一人ひとりに権利の行使を享受させることで、その意義を理解させ、他者の権利を尊重するよう、人々を促すものでもある。アメリカ人はかならずしも有徳な人ばかりではないとしても、徳に代わる権利の観念については、広く普及している。トクヴィルはここにアメリカにおける「デモクラシー」の精神的な基礎を見て取るのである。

トクヴィルは、「デモクラシー」社会の抱えるさまざまな困難を直視しつつ、だからといって非「デモクラシー」的なものによって、これを抑止しようとはしなかった。むしろ、あくまで「デモクラシー」の内在的な論理を重視し、これに何らかの作用を加えることで、

「デモクラシー」をより良いものにしていくことを選んだのである。トクヴィルのいう宗教像もまた、そのようなトクヴィルの模索の産物の一環として理解することができるだろう。

「知性の健全な枠」

しかしながら、このような宗教の論じ方に対して、さらに疑問を提起することも可能である。トクヴィルは宗教の存在が社会的に見て有益であると論じるが、このような社会的有用性に基づく宗教論は、あまりに世俗的であり、宗教の宗教たる所以を否定するものではなかろうか。また、とくに公定宗教を主張しているわけではないにしても、人々に一定の信条を抱くことを期待するのは、信仰の自由という見地からいっても、危険性を孕《はら》んでいるのではないか。このことがとくに問題になるのが、トクヴィルの「知性の健全な枠」としての宗教という考えである。

先ほど、社会にとって重要なのは、宗教の真偽ではなく、むしろその構成員が一つの宗教を信ずることであるというトクヴィルの考えに触れたが、そのことを指摘した上で、彼はさらに次のように語る。「たやすく分かることだが、同じ信仰をもつことなしに社会は繁栄し得ず、というより、そうでなければ社会は存続しない。なぜなら、共通の観念なくして共通の行動はなく、共通の行動なくしては、人間は存在しても社会はないからである」[24]。このように言われると、トクヴィルの宗教観に共感を覚えるものであっても、やはり抵抗を感じるのではなかろうか。結局のところ、トクヴィルは宗教の内容より、社会が一つの宗教を共有していることそれ自体を重視しているかに見えるからである。そうであるとすれば、あれほど「多数の暴政」を恐れ、平等社会における少数派の意見の圧殺を恐れたトクヴィルが、こと宗教に関しては俄然、社会的同調を追い求める思想家に転じているのではないかという疑念が生じるのである。

トクヴィルは、宗教は人間の知性に「健全な枠[25]」をはめるという。すでに指摘したように、人間はすべてを懐疑の対象にすることはできないと、トクヴィルは考えた。この世界には、人間一人ひとりの理性ではなかなか到達できないものの、確固とした信念を持つことが望ましいものが存在する。それが、人間と神との関係、人間と人間との基本的関係であり、これについては一つの権威を信じてしまった方がいい、とトクヴィルは言う。そうした方が「少なくとも現世における人間の幸福と栄光に大いに役立つ[26]」というのである。しかしながら、このような説明は、あまりにも功利主義的に過ぎないだろうか。

おそらく、このようなトクヴィルの宗教観は、彼を若い頃から苦しめた懐疑の不安と、それと関連する「デモクラシー」に内在する危険性への危惧を考慮に入れずには、理解不能であろう。トクヴィルに言わせれば、政治の世界ではすべてが議論にゆだねられ、不安定性を免れない。とくに「デモクラシー」の社会においては、あくまでも自分の理性による判断を選ぶ個人たちによって、あらゆる精神的権威は否定されてしまう危険性がある。そうなった場合、残されるのは、多数派の意見という数の支配だけである。これに対し、人間を超える存在について、そして人間と人間との基本的な関係についての信念は、そのような相対化を許さないものではなかろうか。そこには何か絶対的な基準があるべきであり、そのような基準なくして、およそ人間社会は成り立たないのではなかろうか、あるいは少なくとも、自由な社会は不可能ではなかろうか。そのような思いこそが、トクヴィルの「宗教の精神」に対する、ある意味できわどいと言えるほどの期待を生み出しているように思われる。

このようなトクヴィルの宗教論には、あくまで「デモクラシー」の論理に寄り添いながら自らの議論を展開しつつも、それでもなお残る彼の不安がうかがえると言えるだろう。「デモクラシー」の健全な運営を支えるような価値や原則は、「デモクラシー」の外部、「デモクラシー」による価値の平準化を越えたところにあるべきなのではなかろうか。そのようなものへの思いが凝縮しているのが、彼の宗教論であった。その行き過ぎを批判することは容易だが、トクヴィルのぎりぎりの思考の意味については、やはり無視することはできないだろう。

3　自治と陪審

「アリストクラシー」と「デモクラシー」

あるべき「デモクラシー」の未来像を模索したトクヴィルは、「デモクラシー」の社会に、それとは異質な原理を埋め込んだり、あるいは「デモクラシー」を超える価値との結びつきを作り出そうとしたりした。しかしながら、トクヴィルの議論の本筋は、あくまで「デモクラシー」社会の持つ積極的な側面を最大限に活かしていくことで、「デモクラシー」を自由と両立させ、より良いものにしていくという方向性であった。とはいえ、トクヴィルの評価につきまとうのは、それでもやはりトクヴィルは貴族的なのではないか、いいかえれば、トクヴィルは本質的には反「デモクラシー」的な価値を志向したのではないか、という見方である。この見方には、はたしてどの程度の根拠があるのだろうか。

　このような見方の背景にあるのは、まず何よりもトクヴィルの貴族的出自であろう。第一章で見たように、トクヴィルはその生涯、自らの家族や一族との結びつきを重視した。『デモクラシー』執筆の第一の意図が彼らへの説得であったことは、すでに指摘した通りである。人間の根源的な不平等性に基礎を置く「アリストクラシー」社会から、平等こそを原理とする「デモクラシー」社会への移行は歴史の必然であり、もしそうだとすれば、むしろ目指すべきはよりよい民主的政府を打ち立てることである。「もし、もはや選択の時間はなく、人間を超えた力がすでに諸君の希望を顧みず、二つの政府の一方に諸君を押しやっているのならば、せめてその政府から生じうるあらゆる利益を引き出すことに努めようではないか。そして、その良き本能と悪《あ》しき傾向とを見定め、後者の影響を制限し、前者を育成すべく努力しようではないか[27]」。

　問題は、そのように言うトクヴィル自身の考えがどれだけ確固としたものであったかということである。とくにその場合重要になるのは、彼自身の信念の揺らぎもさることながら、彼の展開する論理自体に内在する両義性である。すなわち、彼の平等の人間学それ自体に、

「デモクラシー」と「アリストクラシー」の間で切り裂かれる部分があるのではないか、という疑いがそれである。

たしかにトクヴィルの議論には、はっきりと対立する二つの人間像が示されているように思われる。すなわち、トクヴィルのなかには、より高きものを求め、偉大さと卓越性を志向する「アリストクラシー」的人間像と、偉大さを拒絶し卓越性という観念それ自体を否定する「デモクラシー」的人間像の両方を見いだすことが可能である。フランシス・フクヤマが、『歴史の終わり』のなかでこのようなトクヴィルの「アリストクラシー」的人間像をとりあげ、それを平等社会における優越願望の問題として焦点化したことは、よく知られている。フクヤマはさらに、このようなトクヴィルの議論を、ニーチェの「超人」をめぐる議論と結びつけて論じているわけだが、フクヤマの基本的問題意識は、他者への優越に対する願望を人間の重要な精神的要素であるとしたうえで、この願望が平等社会において失われていくことに対して抱く危機感にあると言えるだろう。

しかしながら、このようなフクヤマの読み方は、トクヴィル理解としては、いささかゆがんだものであると言わざるをえない。たしかにトクヴィルは、「デモクラシー」による価値の平準化に対して、それを超える価値や偉大さを人間は追い求めるべきことが望ましいと考えていたことは間違いない。とはいえ、トクヴィルはけっして「アリストクラシー」と「デモクラシー」を、相拮抗しながら歴史のなかで展開していく対抗原理としては捉えなかった。なぜなら、トクヴィルの理解において、「アリストクラシー」から「デモクラシー」への移行は歴史の必然であり不可逆だからである。その意味で、両者はけっして選択の対象ではない、という立場をトクヴィルは一貫させている。

「アリストクラシー」に抗するトクヴィル

実際、トクヴィルの議論をていねいに読むならば、彼が慎重に、「アリストクラシー」的人間像を回避していることがわかるはずである。第一章以来繰り返し論じてきているように、トクヴィルは〈民主的人間〉に、自己利益を犠牲にしてまで公共の利益に献身するという、モンテスキュー的な意味での「徳」を期待していない。トクヴィルは、長期的に見た場合に、アメリカ人が自分の利益と社会の利益とが結びついているということをよく理解しているということに強い印象を受けた。「合衆国では徳が美しいとはほとんど言わない。それは有用だと主張し、毎日これを証明する」(28)。ここには、伝統的な「徳」の理念すら、自己利益と結びついたものに換骨奪胎されていることを良しとするトクヴィルの考えが示されている。

あるいはトクヴィルは、一般の人間には「正しく理解された（自己）利益」という考えで十分であるとしても、一部の少数者には倫理的・知的により多くのものを期待し、そのような少数者による政治や社会の指導を考えていたのであろうか。しかしながら、トクヴィルが、一般の人間と区別されるような特別な役割を果たすべき人間を想定していたと断ずるには、その根拠が乏しいと言わざるをえない。例えば、「デモクラシー」社会における貴族的存在について、トクヴィルは何らかの言及をしているだろうか。産業化が進むなかでの新たな富裕層として「産業貴族」を論じているのを別にすれば、目につくのは後で論じる法律家くらいである。一八世紀以来、世襲身分としての貴族制と区別される、その人の教養、能力、資質に基づく「自然の貴族制（ナチュラル・アリストクラシー）」についてしばしば論じられてきたが、トクヴィルの著作において、明示的にこれが論じられているようには思われないのである。

この点に関して、『デモクラシー』と並んでアメリカの古典とされる『ザ・フェデラリスト』との比較が興味深いであろう。『ザ・フェデラリスト』の著者たちは、意図的に「共和政」を「民主政」と対比する。その場合、「民主政」はもっぱら直接民主政のイメージで捉えられ、民衆の直接参加による混乱や対立がことさらに強調される。また、その決定においては理性よりも感情が優先されがちであるとも論じられる。これに対して「共和政」は代議制と結びつけられ、「共和政」においてこそ少数のエリートによる冷静な討議が可能になるとされる。このような対比からは、合衆国草創期の指導者たちの間における、邦（州）レベルでの民主政治に対する不信や、シェイズの反乱のような民衆暴動に対する不安が見てとれるだろう。彼らは民主政治の正当性を受け止めつつも、他方でそれを前提に、民主政治における新たな指導者層の創出や、その活動を可能にするための制度構築を重要な課題とした。そのために彼らはモンテスキューの権力分立論から多くを学び、これをアメリカの置かれた条件と照らし合わす中で、連邦制や三権分立を軸とする精緻な国家システムを構想していったのである。

重要なのは、トクヴィルがこの『ザ・フェデラリスト』から多くを学びつつも、同時に、それとはかなり異質な政治論を展開したことである。そのことは何よりも、トクヴィルがその著作のタイトルに「民主政《デモクラシー》」という言葉を選んだ点に現れている。『ザ・フェデラリスト』の著者たちが、意図的に「共和政」と「民主政」を対比して、「民主政」の否定的なイメージを強調したのに対し、トクヴィルはあえて「民主政」を自らの主題として選び、その否定的側面を踏まえつつも、最終的にその可能性に未来を託したのである。

しかも、その場合、とくにトクヴィルがアメリカの連邦レベルでの政治以上に、地方レベルでの政治に注目したことが重要である。『ザ・フェデラリスト』の焦点が精緻な連邦システムとその制度構想にあったとすれば、『デモクラシー』の力点は社会のより基本的なレベルにおける実践の分析に置かれた。トクヴィルはそのアメリカ観察のかなり早い段階から、アメリカ政治を理解するための鍵が、地域共同体にあると考えるようになった。地域共同体の自由は簡単には確立しないが、自由が真に社会に根を下ろすのは地域共同体の中である。この信念はやがて『デモクラシー』の中核となっていった。「自由な人民の力が住まうのは地域共同体の中なのである。地域自治の制度が自由にとってもつ意味は、学問に対する小学校のそれに当たる(29)」。このトクヴィルの言葉が、後のブライスの「地方自治はデモクラシーの学校」という表現へとつながったことについては、すでに触れた。

その場合、トクヴィルは地域レベルでの一般市民による自治が、より優れた公共事務の運営をもたらすとは限らないことを認めている。「人民による公共の問題の処理はしばしばきわめて拙劣《せつれつ》である。だが公共の問題に関わることで、人民の思考範囲は間違いなく拡がり、精神は確実に日常の経験の外に出る(30)」。個々の問題の処理としては、地域自治が最善の答えを出すとは限らない。しかしながら、自治は人々の精神を拡大し、結果的には国民全体の活力を生み出す。そうだとすれば、少数者の英知なるものに基礎を置く政治よりも、健全な民主的諸制度によって支えられた「デモクラシー」社会が生み出す活力にこそ期待すべきではないか。トクヴィルはそのように考えるに至った。「民主政治は国民にもっとも有能な政府を提供するものではない。だがそれは、もっとも有能な政府がしばしばつくり出しえぬものをもたらす。社会全体に倦《う》むことのない活動力、溢《あふ》れるばかりの力とエネルギーを行き渡らせるのである(31)」。

前に触れたように、トクヴィルはアメリカにおける政治指導層のレベルに幻滅を感じたが、対するに一般市民の政治的成熟には強い印象を受けた。彼はその鍵を、人民の過ちの矯正力に見いだした。「アメリカ人の大きな特権は、失敗してもやり直しがきくということである(32)」。彼らはしばしば権力を委ねるべき人間の選択を誤る。しかし彼らは、「欠陥があり誤謬を犯す人々であっても、しばしば力を合わせて全体の繁栄のために尽くす隠れた傾向がある(33)」。トクヴィルは、この自己矯正力こそ、地域自治の実践に支えられた民主政治の最大の利点であると考えたのである。

このようなトクヴィルの分析は単なる楽観なのだろうか。しかしながら、これまでも見てきたように、トクヴィルの思考はむしろつねに悲観的であり、「デモクラシー」の運命に対しても懐疑的であった。また民主政治がむしろ暴走する傾向に対しては、警戒の念を繰り返し表明している。〈民主的個人〉の精神の不安定さへの懸念こそが、トクヴィルの平等の人間学の根底にあったのである。にもかかわらずトクヴィルは、最終的には一人ひとりの人間の知恵が、地域レベルでの自治の実践によって活性化され相互に結びつくことで、特権的少数者の英知を上回る可能性に賭けたと言える。これは「デモクラシー」の未来について自問を繰り返したトクヴィルの、祈りにも似たコミットメントであったのかもしれない。トクヴィルは、最後は民主的諸制度に支えられた「デモクラシー」社会の自己矯正力に賭けたのである。たしかに、このトクヴィルのコミットメントは、彼の人生のさまざまな試練において検証されることになった。しかしながら、二世紀を隔てた私たちに、なおもトクヴィルの著作を読み直すよう促す力になっているのは、そこに込められたこの彼の最終的なコミットメントなのではなかろうか。

陪審制

最後に、トクヴィルの陪審制に関する議論を見ておきたい。一般の市民が裁判に参加するこの制度をトクヴィルが高く評価したことはよく知られている。しかし、なぜトクヴィルは陪審という制度に着目したのであろうか。その際に注目すべきは、トクヴィルが陪審制を司法制度としてだけではなく、政治制度としても捉えたということである。しかもトクヴィルは、陪審制を人民主権の不可欠な一環であると見なしている。「陪審制はなによりも一つの政治制度であり、人民主権の一つのあり方と考えねばならぬ。人民主権を退けるならば、全面的にこれを排すべきであり、そうでないならば、人民主権を確立した他の法律に陪審制をも一致させるべきである[34]」。これはいったい何を意味するのか。

トクヴィルは、陪審制が裁判の正しい運用にどこまで役立つかについては、疑問を差し挟む余地があることを認めている。とくに、陪審に単純な問題しか持ち込まれないような未発達な社会ならいざ知らず、人間関係が複雑化した文明社会において、陪審制に困難がつきまとうことは間違いない。にもかかわらず、陪審制は重要であるとトクヴィルは考える。その理由として彼があげるのが、陪審制の持つ政治制度としての側面なのである。

まずトクヴィルは、陪審、とくに刑事裁判における陪審は「共和的」な制度であると指摘する。というのも、犯罪者を裁くことは、力の問題と正当性の問題が結びつく、社会の本質的な機能であるからである。したがって、この権能を一部でも為政者から取り戻すことは、社会の指導権を為政者から奪うことを意味する。誰が陪審に選ばれるかによって、陪審制は貴族的にも民主的にもなりうるが、いずれにせよ「共和的」な性格は保持される。その意味で、イギリスにおいて貴族的な陪審制が実現し、アメリカにおいてはじめて一般市民が陪審に加わるようになったのは、人民主権実現に向けての重要なステップであった。逆にいえば、トクヴィルの視点からすれば、一般市民が裁判権にまったく関与せず、これを為政者に一任して疑わないとき、真に人民主権が実現しているとは言いがたいのである。

さらにトクヴィルは、民事裁判における陪審にも注目する。というのも、長期的に見るならば、真に陪審制が社会に根を下ろし、社会の政治文化を変化させるのは、民事裁判だからである。民事裁判は日常生活にとってより身近であり、各人は隣人を裁きながら、自分もやがて当事者となりうることに思い至る。その意味で、民事陪審は、人に公平の原理を教える機会となる。さらに民事陪審においては、そこに参加することで、権利とは何か、法とは何か、そして責任ある判断とは何かを考え直す機会となる。人が、自分の為したことの責任をとらなければならないこと、また社会に対してなすべき義務があることを知るのは陪審を通じてである。また陪審の場においてこそ、統治に参加していることを実感できる。その意味で陪審制は、実用的知性と政治的良識を教える学校にほかならない。

しかしながら、このようなトクヴィルの陪審論をよりよく理解するためには、彼の法律家論を見ておかなければならない。というのも、すでに言及したように、トクヴィルは法律家こそ、「デモクラシー」社会において数少ない貴族的存在であるとしているからである。そうだとすれば、司法を政治的な視角から考えようとするトクヴィルにとって、法律家は貴族的要素を、陪審は人民主権的要素を意味することになる。その意味で、司法は、法律に関するプロフェッショナルとアマチュア、「アリストクラシー」的なものと「デモクラシー」的なものとが、その社会においていかなる関係に立つかを見定めるための重要な場となりうるのである。

それでは、法律家はいかなる意味で貴族的なのであろうか。トクヴィルが与える説明は、純粋に機能的なものであり、けっして法律家が人間として、一般の市民より優れていると言うものではない。「法律について特別の研究をした人間は、勉強しているうちに、秩序を好む習慣、形式を好む一定の気持ち、論理に適《かな》ったものの考え方に対するある本能的な愛を身につける」[35]。このような資質は、まさに「デモクラシー」社会において、もっとも欠けがちなものである。「デモクラシー」社会においては、実質が重視されるあまり、形式は軽視されがちである。平等化のダイナミズムは場合によっては、秩序を根底から覆すこともありうる。これに対しトクヴィルは、法律家の持つ秩序や法という形式への好みが、裁判という場を通じて、一般の市民に良い影響をもたらすという。陪審制によって裁判に参加した一般市民は、法律家と接触することで、次第にそのような資質を吸収するようになるというのである。繰り返すが、トクヴィルは、法律家がその優れた資質によって一般の市民を指導すると言っているのではない。市民が、法律家との接触を通じて、自ら何ごとかを学習することが重要なのである。

このような議論には、トクヴィルの考える「デモクラシー」の秩序像が浮き彫りになっているのではなかろうか。トクヴィルは、「デモクラシー」を非「デモクラシー」的なものによって抑制したり、「デモクラシー」をどこかに封じ込めたりすることを考えない。「デモクラシー」を制御できるのは「デモクラシー」だけである。より具体的にいえば、「デモクラシー」を構成する一人ひとりの市民が「デモクラシー」の根源的エネルギーの源泉であると同時に、自己反省能力、自己矯正力を備えたものになる必要がある。トクヴィルが構想するさまざまな仕組みは、市民の精神的な自己変革の場を提供するものである。一人ひとりの市民が、多様な他者と出会い、互いを尊重しながら、合意を生み出していく。その過程で、各個人は、自分の個別の問題と社会との結びつきを再確認し、「いま・ここ」を超えた視座を獲得していく。このような各個人の自己変容の集積によって、「デモクラシー」のダイナミズムと自己変革能力が再創造されることこそ、トクヴィルの夢見た「デモクラシー」の未来像であったと言えるだろう。

結び　トクヴィルの今日的意義

本書を閉じるにあたって、トクヴィルの〈思想〉の意義を、今日の視点からもう一度振り返ってみたい。

トクヴィルの予言はあたったのか

「はじめに」では、トクヴィルの〈思想〉の今日的意義を知るためには、むしろ彼が生きた時代の文脈を押さえる必要性があることを指摘した。ある過去の思想の現代的意義を探る場合、その思想を非歴史的に捉え、抽象化された論理をまったく文脈の異なる時代に直接適用してみることも可能である。しかしながら、そのような直接的方法よりも、その思想が同時代との間で持っていた緊張感を確認したうえで、現代とその思想家の生きた時代とを比較する方が実り多いということは、一般論としても認められるところであろう。

しかしながら、トクヴィルの場合、そのテキストが生み出された文脈、その後読み継がれた文脈を確認することは、固有の重要性を持っている。このことはトクヴィルのテキストがたどった運命を振り返れば明らかである。トクヴィルのテキスト、とくにその主著とされる『デモクラシー』が、著者の祖国フランスと訪問先のアメリカとで大きく異なった読まれ方をされてきたことについては、本書の折々で触れてきた通りである。フランスにおいて長らく「忘れられた思想家」となったトクヴィルは二〇世紀末になって劇的な復活を遂げたが、フランスと比べるとはるかに安定して読み継がれたアメリカにおいてすら、『デモクラシー』への注目には時代ごとの浮き沈みがあった。国や時代によって、人々がトクヴィルに向ける視線には大きな違いが見られるのである。

ちなみにトクヴィルは、過去何度か予言者として注目されている。一例をあげると、『デモクラシー』第一巻の終わりで、トクヴィルは、アメリカとロシアがやがて世界の超大国となることを予言しているが、この予言など、かつて米ソ冷戦が激しかった時期に、さかんに取り上げられたものである。その後も「大衆社会論の先駆者」、「自由民主主義の勝利の予言者」といった呼び名がトクヴィルに与えられてきた。しかしながら、今となってみると、このような持ち上げ方にどこか違和感があるのは、否定しがたいところである。いいにつけ悪いにつけ、トクヴィルには、予言者として持ち上げられやすい傾向がある。が、そのことはトクヴィル理解をめぐり、それぞれの時代のバイアスが読み込まれやすいということも意味している。トクヴィルを読むにあたっては、このことを他の思想家以上に意識する必要があるだろう。

本書では、数あるトクヴィルの予言のうち、もっぱら平等化の予言に議論を集中してきたが、この予言は、彼の同時代人にとって、二重の意味で問題性をはらむものであった。一方で、トクヴィルの家族がそうであったように、フランス革命を歴史の偶発事に過ぎないと考え、人間の本質的不平等を基本とする社会への復帰を願う人々がいた。平等こそが逸脱であると考えるそのような人々にとって、やがて平等化が社会を根底から覆すであろうというトクヴィルの予言は極端なものに思われた。他方において、トクヴィルとほとんど同時代人と言ってもいいマルクスが鋭く指摘したように、産業化が進むなか、貧富の差が拡大し、新たな階級対立が社会の基本的矛盾となりつつあることは、多くの人々にとってもはや目を背けられない現実であった。そのような人々にとって、むしろ平等化こそが社会の基本的趨勢であるというトクヴィルの予言は、現実を無視するものに思われたのである。本書において時代の文脈を掘り起こす作業を重視したのは、トクヴィルの予言がその同時代において持っていたこれらの問題性を浮き彫りにするためであった。

それではなぜトクヴィルは、平等化を歴史の不可逆な方向性であると考えたのだろうか。本書では、トクヴィルの洞察を理解するための補助線として、『赤と黒』や『ボヴァリー夫人』を取り上げた。そのねらいは、トクヴィルが生きた時代のフランス社会において起きた、ある想像力の変容を明らかにすることにあった。すなわち、トクヴィルのいう平等化とは、人間の本質的不平等を前提に組み立てられた諸制度が、人々の気づかぬうちに次第に掘り崩され、空洞化していくことを指し示すと同時に、人間と人間とを絶対的に隔てるような想像力の壁が無意味化し、人々がすべての他者を本質的には自分の同類とみなすようになることを意味した。このような想像力の変容は、トクヴィルの同時代においてはけっして自明のものではなかった。というのも、社会の表層を見る限り、古い社会の仕組みはいまだその力を失っていないし、逆に新しい不平等性も目につくようになっていたからである。ところがトクヴィルは、このような表層の下で、社会の象徴秩序が根源的に変化しつつあることを見て取ったのである。

その意味でいえば、トクヴィルの予言は、あまりにも早すぎるものであったのかもしれない。しかしながら、この変容はやがてすべての社会秩序を根底から組み替えていくであろうというトクヴィルの確信は揺らぐことがなかった。このような平等化が極限まで進んだ社会としてトクヴィルはアメリカに着目したが、彼は、同じダイナミズムがヨーロッパ社会においても次第に明らかになっていくと考えたのである。たしかに、このような意味での平等化が進んだ社会においても、不平等は残る。しかしながら、それは不平等を当然とした社会における不平等とはまったく意味を異にする。そのような社会において、不平等はもはや自明視されず、平等への想像力を持ってしまった人々によって、次々に異議申し立てを受けるであろう。そしてそのような異議申し立てによって、今後の歴史のダイナミズムが決定されていくことになるであろう。これが、トクヴィルの予言であった。

本書を執筆した最大の動機は、トクヴィルのこの予言がはたして正しかったのかどうかを、現在の時点からあらためて検証することにあった。トクヴィルの予言はほんとうにあたっていたのか。近代の歴史を振り返り、今後の社会のさまざまな問題を考えていくにあたって、ほんとうに有効な見取り図を提供してくれているのか。このことをトクヴィルが生まれてから二世紀がたった今日、あらためて再確認することは無意味でないだろう。

ポスト国民国家時代の平等

今日、トクヴィルへの注目がかつてないほど高まりつつあるということについては、本書においてもたびたび繰り返してきた通りである。それではなぜ、今日、トクヴィルがあらためて脚光を浴びているのか。はたして、彼の予言は、現代においてとくにその妥当性を増したのだろうか。

すでに指摘したように、トクヴィルの『デモクラシー』は、一九世紀ヨーロッパにおいては、次第に受け入れにくいものになっていった。その原因としては、トクヴィルの平等化の予言にもかかわらず階級対立が激化したこと、また、革命とそれに対する揺り戻しが問題化したヨーロッパにおいて、トクヴィルが描いたようなアメリカ社会像はあまりに異質に見えたことが指摘できる。たしかにトクヴィルは、『旧体制と革命』においてイギリス・フランス・ドイツの比較政治近代化論を展開し、平等化をどのように受け止めるかによって、その国の政治体制の安定性に大きな違いが出ることを論じた。そのかぎりで、トクヴィルの著作のうちでも『旧体制と革命』は、その理論的有効性がヨーロッパにおいてもそれなりに承認されてきたといえる。しかしながら、『デモクラシー』に関しては、ヨーロッパにおいて長く、その有意性が疑われてきたことは否めない。

それでは、二〇世紀も終わりになって、なぜ状況に変化が見られるのであろうか。本書の視点からすれば、その理由は、トクヴィルの指摘する平等化のダイナミズムが、現在、新しいかたちで目に見えるようになっているという点に求められるであろう。すなわち、冷戦が終焉するとともに、自由民主主義か社会主義かという体制選択に代わり、旧社会主義圏をも含む一体化した世界を突き動かすグローバリズムの行方が、人々の関心を集めるようになっている。グローバリズムの生み出すうねりは、勝者であるはずの西側諸国も含めて、あらゆる国家の政治・経済体制を直撃したのである。その際、まっさきに問題となったのが平等の問題であった。平等の意味は、各国の内部における新たな経済格差の広がりによって、あらためて問題とされるようになっている。国民国家という発想のもっとも根幹にあるのが国民の間の一定の平等性という理念であったとすれば、この理念がいまや激しく揺さぶられているのである。これまで国民の平等性の理念を支えるにあたって重要な役割をはたしてきた社会保障の機能不全は、否応なく、新しい格差の問題を論争の前面に押し出している。

しかしながら、さらに深刻なのは、問題が一国内における平等性の動揺にとどまらなかったことである。グローバリズムはさらに、それまで国境によって隔てられてきた世界各地の人々を密接に結びつけることで、国境を越えた人間の間の平等・不平等を新しい時代の争点とした。これまで抽象的な人間の平等性は問題になっても、現実には人々の想像力は国境の壁によって分断されてきたと言える。国内において、社会経済問題をめぐり具体的に平等を論じる場合と、国境を越えた人間の抽象的な平等を論じる場合とでは、いわば二重基準が暗黙の内に前提とされてきたのである。いまや否定されつつあるのが、このような前提である。このことは、グローバルなレベルでの平等を実現しようとする動きを加速させると同時に、各国の労働者を労働力の世界的再編によって遠い異国の労働者との競争状態に入らざるをえないように追い込んでいる。平等と不平等の生み出すダイナミズムは、世界大のスケールで、人々の生活を直撃するようになっているのである。このことは、トクヴィルの予言が、彼自身の想定した範囲を越えて実現したことを意味するのではなかろうか。ある意味で、現代は、「デモクラシー」が世界全体を巻き込んで、激しく展開している時代なのである。

思えばトクヴィルは、きわめて微妙なタイミングで、平等化のダイナミズムに着目したと言える。というのも、彼が活躍したのは、フランスにおいて旧体制が崩壊したものの、新しい社会像は未確定であり、後に福祉国家として完成するような社会保障制度に裏打ちされた国民国家の姿などいまだ予想できない時代であったからである。また彼が観察したアメリカ社会は、第三章でも指摘したように、一九世紀社会以前的な、独特な〈古さ〉を感じさせる社会であったことも思い起こすべきであろう。ある意味で、トクヴィルのいう平等化の予言は、旧体制よりは後だが、本格的な国民国家化よりは前という、過渡的な時代になされたものなのである。

結果として、トクヴィルの予言は、一九世紀中盤から二〇世紀にかけての時代、さまざまなかたちで検証されることになった。すなわち、トクヴィルのまったく想定していなかった時代状況において、彼の予言の妥当性が問われることになったのである。例えば、トクヴィルは「デモクラシー」社会における政府権力の拡大を予言し、これを「後見的権力」の名で呼んでいる。人民に対して後見人であるかのように振る舞う権力は、無力な諸個人の私生活にまで介入して面倒を見ることで、各個人をますます権力に依存させるようになる。このトクヴィルの予言など、ある意味で、その後の福祉国家的な「大きな政府」を予言していたとも言える。が、福祉国家化することで完成することになる国民国家において、独特なかたちで平等化が進展することまでを、トクヴィルが完全に予想していたとまでは言いがたい。階級対立の激化、それを受けての社会保障制度の発展、そしてその結果として成立する福祉国家化への動きは、トクヴィルの想像を越えたものであった。このような展開が、トクヴィルの予言の評価を難しくしたのである。

旧体制の崩壊によって伝統的な仕組みから解き放たれた諸個人は、新たな国民国家において再編されることになる。この時期を、トクヴィルの予言がなされて以後の第一の時期と呼ぶことができるとすれば、現在この第一の時期が終わり、それに代わる第二の時期に突入しつつあるのかもしれない。たしかに第一の時期においても、トクヴィルの予言はそれなりの有効性を持っていた。しかしながら、トクヴィルの予言は第二の時期において、さらに意味を持つのではなかろうか。というのも、この第二の時期において、平等と不平等の織り成すダイナミズムは、グローバルなレベルで猛威をふるっているからである。そして、その嵐の中から、いかなる新たな社会形態が生み出されてくるかは、いまだ見通しが立たない。そのような状況こそ、今日、人々がトクヴィルの著作を再度手に取ることを促している最大の理由なのではないか。

世界の中でのアメリカ

トクヴィルが生まれてから二世紀がたった今日、あらためてトクヴィルのテキストに注目が集まるもう一つの理由は、現代世界においてアメリカが占める独特な位置と関係がある。トクヴィルが「デモクラシー」の未来をアメリカにおいて探ろうとしたことは間違いない。彼は、アメリカにおいてこそ、「デモクラシー」の本質を見いだすことができると考えたのである。しかしながら、繰り返しになるが、トクヴィルはアメリカを革命なくして平等を実現した、いわば平等を所与とする社会として描いているが、もしそのような理解が正しいとして、はたしてそのようなアメリカ社会を「デモクラシー」のもっとも純粋なモデルと見なせるのだろうか。このことは、一九世紀以来、繰り返し問われてきた問題である。世界の各地域において、平等化のダイナミズムはそれへの反動を生み出し、さまざまな社会的葛藤や混乱を引き起こしてきた。この葛藤と混乱、およびそれをいかに収拾するかという多様な試みこそ、一九世紀以降の歴史の主題であったとすれば、トクヴィルが描くようなアメリカ社会は、そのような主題とはいささかずれたものにも見える。

このずれを思想的に表現すれば、自由主義が正統イデオロギーとなったアメリカと、激しい左右のイデオロギー対立によって政治が特徴づけられてきたヨーロッパとの分岐にもつながるであろう。歴史家のルイス・ハーツが『アメリカ自由主義の伝統』で指摘しているように、打倒すべき封建制の過去を持たなかったアメリカにおいて、自由主義はまさに唯一の正統イデオロギーとなり、社会主義は根を下ろすことがなかった。これに対し、伝統的勢力が強固に存在したヨーロッパでは、革命と反革命、さらなる変革の推進とそれに対する意識的抵抗という左右対立が政治の主旋律となった。その結果、アメリカとヨーロッパの間で政治を語る際の基本的枠組みが大きく異なることになり、相互間の比較や、両者を同一の視座において捉えることが難しくなった。この欧米間の分岐こそが、トクヴィルの『デモクラシー』の理解にも少なからぬ影響を及ぼしてきたのである。

近年起こっているのは、このように過去二世紀近くにわたって続いてきたアメリカとヨーロッパが急速に再接近するという事態である。このことは、ヨーロッパにおいてそれまで政治を語るうえでの基本的枠組みであった左右対立が見えにくくなったこと（このことはただちに左右対立の消滅を意味しないが、右とは何か、左とは何かということが自明性を失い、再定義を求められていることはたしかである）、さらに左右対立の基盤にあった階級構造についても、その輪郭がぼやけつつあることと、深く結びついている。結果として、欧米間にあった政治の基本的枠組みにおけるずれは急速に解消に向かい、両者を同じ土俵で論じることは格段に容易になった。このことは、アメリカが冷戦の〝勝利者〟となったこととあいまって、アメリカ政治の枠組みを、その経済・社会的な枠組みとともに、一種の〝世界標準化〟させることにもつながった。

他方で、アメリカの側においては、社会主義体制という〝他者〟を失うことで、自らの体制を相対化する視点が失われつつある。近年しばしば「ユニラテラリズム」という言葉で表現されているようなアメリカの行動パターンもまた、このことと無関係ではないだろう。他国との協調をはからず単独主義的に行動したり、自国が正しいと考える基準を他国に一方的に押しつけたりすることを意味するこの言葉は、元来アメリカ外交を特徴づけてきた孤立主義や理想主義の延長線上において理解できるものである。しかしながら、冷戦終焉後、とくにブッシュ・ジュニア政権期以降になって目につくようになったのは、これまでのアメリカ外交に存在したバランス感覚や冷静な世界認識が失われ、単独行動主義的な傾向が先鋭化したことであった。このことは、対テロ戦争においてブッシュ大統領が口にした善悪二元論的な世界像、とくに、「十字軍」をはじめとする宗教的含意を持つ語彙の頻出によっても明らかになっている。

このように、現代世界におけるアメリカはきわめて微妙な位置に立っていると言えるだろう。一方において、アメリカのさまざまな制度は現在ますます世界的な影響力を拡大している。しかしながら、他方で、アメリカは自らを世界の中で適切に位置づけることができなくなりつつある。このことが現在、アメリカと世界の他の地域との間に大きな緊張を生み出しているのである。対イラク戦争をめぐって顕在化したアメリカとフランスの対立や、その後の「古いヨーロッパ」と「新しいヨーロッパ」をめぐる論争は、そのことを暗示しているだろう。

このような時代にあって、トクヴィルの『デモクラシー』は独自の意味を持つようになっている。『デモクラシー』は、アメリカ人にとっては、自己確認の書である。トクヴィルは『デモクラシー』のなかで、アメリカを「デモクラシー」の未来として描くと同時に、アメリカ社会についての手厳しい指摘を付け加えることを忘れなかった。しかしながら、今日、〝他者〟を失ったアメリカは、ややもすれば『デモクラシー』に自己の肯定的なイメージのみを読み込もうとする傾向が強い。その場合、トクヴィルがあれほど意識した、「アメリカ」的なものと「デモクラシー」的なものとの区別は見失われることになる。もちろん、アメリカ内部においても、そのようなアメリカの現状を反省的に振り返るために、あえて『デモクラシー』へ戻ろうとする動きもある。いずれにせよ、アメリカ人にとっての自己確認の書としての『デモクラシー』の持つ意味は大きくなりつつある。

他方で、アメリカを外から見る立場からすれば、『デモクラシー』はアメリカ社会の持つ普遍性と特殊性を見分けるための最善のテキストである。アメリカのさまざまな制度は世界の他の地域に対して、どれだけ適用可能性があるのか。本書でも取り上げたように、分権性はアメリカの政治制度の著しい特徴であるが、それが実効的に機能するためにはいかなる条件を必要とするのか。この点に関して、アメリカの憲法学者ブルース・アッカーマンが指摘しているように、アメリカの厳格な三権分立の制度がはたしてアメリカ以外の地において、どれだけ機能するかについて疑問がないわけではない。彼がとくに強調しているのは、立法権と行政権の完全な分離による機能不全であるが、連邦制を含め、アメリカは、さまざまな分権的システムのきわめて興味深い実験場になっている。このことは、アメリカの分権的な諸制度が実際に機能するにあたって、何らかの独特な背景があることを予感させる。今後、この背景を探ることは、より重要になっていくことであろう。

というのも、近代社会の大きな特徴は、権力の分立、分業、政教分離、国家と社会の分離など、社会の諸機能を効率的に分化させた上でそれをいかに効果的に再組織化するか、という点に深く関わっているからである。分離が単なる機能の分化に終わったり、まして分裂へと帰着したりするならば、それは社会の発展にとっての重大な支障となる。社会における諸機能の分離を前提に、その再組織化を支えるものは何なのであろうか。それはトクヴィルのいうように、文化の一体性の問題なのか、それとも人的な結びつきの問題なのか、あるいは経済・社会的な条件なのか。分権的システムを運用するための条件を探ることは、地方分権が語られる現在の日本にとっても無関心ではいられないテーマである。

もう一つ、世界の他の地域に対してアメリカの際だった特徴となっているのが、その独特な宗教性である。対テロ戦争におけるブッシュ・ジュニア政権のレトリックは、そのようなブッシュ大統領を支持するキリスト教右派勢力の台頭とあいまって、アメリカ社会に根強い宗教的性格を浮き彫りにした。このことは、イスラム諸国における反発を生み出し、いわばアメリカによる自作自演の〝文明の衝突〟を引き起こしかねない状況を出現させているばかりでなく、あくまで世俗性の原則の上に民主政をはじめとする諸制度を基礎づけてきたヨーロッパ諸国にとっても、衝撃となっている。今後の世界の行方を考えるにあたって、宗教と民主政の関係はますます問題となってくるであろう。その際、あくまで世俗性の原則を前提に、宗教と民主政の明確な分離を重視するか、あるいは政教分離を原則としつつも、宗教的なものと民主政とを貫く思想的契機を考えていくかをめぐって、議論が続いていくことであろう。あくまでトクヴィルの視点に立つならば、宗教と民主政とを貫く思想的契機を重視すべきことは言うまでもないが、その場合でも、あくまで政教分離の原則が大前提であり、この原則の意味を再考し続けなければならない。

「デモクラシー」の新しいリアリティ

最後に、平等と不平等のメカニズムを踏まえたうえでトクヴィルが構想した「デモクラシー」社会のあるべき姿について、そのリアリティを検討してみたい。

トクヴィルの「デモクラシー」論の最大の特徴は、元来政治体制の一分類とされてきた民主政《デモクラシー》の意味を拡張し、社会状態やそこに暮らす人々の思考や感性のあり方を含めた一つの社会類型にしたことにある。すなわち、トクヴィルの「デモクラシー」論の特徴は、原理的に民主政を正当化したり、その制度論を詳細に検討したりすることそれ自体ではなく、目の前に、まさに解明すべき一つの謎として、「デモクラシー」が存在していることを示し、その複雑な諸側面を一つひとつ解剖して見せた点にある。

トクヴィルが示した「デモクラシー」の謎とは、そこに暮らす個人が自立して思考しようとすればするほどむしろ他者の意見に従属することになり、自分の頭で考えようとすればするほどむしろ自分の思考の無根拠性にぶち当たってしまうということであった。また、平等になった諸個人から成る社会が、平等に自由になるよりは、平等に隷属する方に傾きがちであるということでもあった。トクヴィルは、「アリストクラシー」社会における不平等と結びつけられた自由ではなく、「デモクラシー」社会の平等と結びつけられた自由こそを「正しい」と考えたが、まさにこの「正しい」はずの、平等な自由概念が向き合わざるをえない内的な脆弱性こそが、トクヴィルの考えた「デモクラシー」の最大の問題点であった。トクヴィルは、無根拠性やそれに由来する不確実性・不確定性に引きつけて「デモクラシー」を理解したのであり、この点こそ、今日「デモクラシー」を考える人間に対するトクヴィルの最大の示唆となっている。

それでは、トクヴィルは「デモクラシー」社会の不確実性・不確定性の前に立ちすくんでしまったのだろうか。いや、そうではないだろう。懐疑から出発し、「デモクラシー」社会の不確実性・不確定性にたえず不安を感じ続けたトクヴィルは、にもかかわらず、「デモクラシー」のもっている潜在的な力への期待を失うことはなかった。

トクヴィルは、「デモクラシー」の持つさまざまな脆弱性を補完しうるものについて、模索を続けた。その際の彼の模索には、大きく分けて、二つの方向性があったと言える。一つは、「デモクラシー」とは異質な原理を、「デモクラシー」社会の中に組み込んでいくという方法である。「デモクラシー」は、自らと異質な原理と結びつくことで、むしろ安定するのではないか。このような示唆が理論的にきわめて重要であったことはいうまでもない。例えばトクヴィルは、「デモクラシー」が異質性を否定する方向に傾斜しがちなのに対して、むしろ異質性を培養する装置としての結社の役割を重視したり、過去や未来への展望を見失い、現在のみにしか関心が向かわない「デモクラシー」社会に生きる人間に対し、過去からの時間の持続性を担保するための習俗や、あるいは未来への感覚を生み出すための宗教について期待したりした。さらには、「デモクラシー」の社会が嫌う形式、型、枠といったものを、あえて「デモクラシー」社会の中に挿入してみることも検討した。

もう一つの方向性は、「デモクラシー」自身の持つ潜在力を全面的に開花させるものである。具体的にいえば、トクヴィルはアメリカの地に最初に降りたって以来、その民主政を支えているのが一般市民の日々の政治活動であることに深い印象を受けた。彼の見るところ、アメリカの一般市民の判断が個別的に見てつねに正しいとは限らないし、その行動の動機はあくまで自己利益にあった。にもかかわらず、そのような人々によって動かされるアメリカ政治は独特な自己矯正力を持っているし、各個人の自己利益と結びつくようなかたちで、公共の利益に対する感覚も確固として存在する。トクヴィルは、この自己矯正力や公共の利益に対する感覚にこそ、「デモクラシー」社会にふさわしい社会運営の原理を見いだしたのである。トクヴィルは、一般市民の政治参加を無条件に賛美するような思想家ではなかったが、そのようなトクヴィルが、一定の条件の下、人々の多様な知や力が結集することに、最終的な期待を寄せたことは注目に値する。

以上のようなトクヴィルの考察は、時代を越えて意味を持つものであろう。しかしながら、ここではとくに、トクヴィルが模索した二つの方向性の後者——「デモクラシー」の脆弱性を「デモクラシー」とは異質なものによって補完するのではなく、むしろ「デモクラシー」の持つ潜在的な可能性を最大限に活かすという方向性——について、その現代的展開を考えてみたい。念頭に置いているのはインターネットが登場して以来の社会の変化である。情報技術の発展が社会に及ぼす影響については、さまざまな議論がなされている。インターネットによって生み出された新しい社会的な結びつきは民主政の発展に寄与するのか、あるいはそれは幻想に過ぎないのか。インターネットはこれまで恵まれない状況にあった人々にとって平等化に向けての福音なのか、それとも新たな格差と一極集中をもたらすものなのか。そもそも、インターネットによって、人々はより自由になったのか、あるいはむしろ不自由になったのか。

これらの問題に答えることは本書の課題ではない。しかしながら、トクヴィルの洞察の現代的意義を考える上で、見逃せないポイントが一つある。それは、インターネットの発展がもたらす知の権威の再編である。インターネットの普及によって、情報の収集・編集・発信が、多くの人々にとってこれまでとは比較にならないくらい容易になったことは間違いない。しかし、これだけならば、どれだけその規模が大きいにせよ、量的な変化であると言えなくもない。しかしながら、このようなインターネットの普及は、グーグルに代表される新たな検索システムの発展と結びつき、質的な変化をもたらしつつある。すなわち、グーグル社の検索システムは、ウェブ上にある膨大な量の情報を一瞬にして検索し、しかもその情報をランダムに並べるのではなく、独自の基準によってランクづけをしている。その際の基準は、ウェブサイト間のリンク関係、すなわち、インターネットによって結びついた膨大な数の人々によってどれだけ参照されているかによって決まる。今や、ウェブ上で権威を持つのは専門家とは限らない。特権的なメディアに拠る専門家よりも、膨大な情報の海のなかで集められ、より多くの人々の承認を受けたものが権威を持つのである。インターネットの普及によって実現したのは、これまでは考えられなかった数の人が、それも、互いにまったく面識のなかった人が、情報を提供しあい、かつその評価をしあっていくことで、さらに発展し増幅していく知的ダイナミズムなのである。

このことにはもちろん両面の評価があり、一方で、独立性・分散性など一定の条件さえみたせば、広い地域にちらばった無数の人々が持ち寄った情報は、一部の特権的な専門家がもたらす情報より質が高いことが多いという意見もあれば、他方で、このような知の水平化は、むしろ特定の意見が容易にその影響力を拡大することにつながり、世の多数が支持しているとされる議論に多くの人が追従する結果をもたらしかねないという意見もある。このいずれが正しいかということもまた、本書の答えるべき課題ではない。

ただ指摘しておくべきなのは、このような議論が、どこかトクヴィルの議論を思い出させるということである。このことは偶然ではあるまい。なぜなら、トクヴィルもまた、平等化が進み、知的な権威が失われていく時代の変化のなかで、人々の精神に起きることを予測したからである。ある意味で、今日、インターネットの普及によって起きつつあることは、トクヴィルが一九世紀の前半において起きつつあると考えた変化の延長線上において捉えることができるものなのかもしれない。少なくとも、インターネットの普及による平等化が、よりのぞましい「デモクラシー」と結びつくのか、あるいは「多数の専制」と結びつくかという問題が、トクヴィルの読者であれば、既視感《デジャ・ビュ》のある議論であることは間違いない。重要なのは技術上の転換は急激に起こるが、その転換が社会構造の転換につながり、そしてさらに、それに対応した新たな社会組織の成立に至るまでには、かなりの長期の時間を要するということである。したがって、ウェブ上の転換がいかなる新しい社会組織へと波及していくのか、その過程を考えるうえでトクヴィルの議論は有効な参考となるであろう。

「デモクラシー」の未来像

このようにトクヴィルの平等化の予言は、国家をはじめとするヒエラルキー的組織の垂直的な統合力に限界が見え始め、むしろ水平的に世界各地の人間や集団が競合・衝突しつつ互いに結びつき協力しあっていく時代において、固有の説得力を持っている。トクヴィルが言うように、平等化はそれ自体としては「正しい」ことであるし、そこから新たな価値の創造も可能になるが、他方で新たな葛藤や混乱も生み出す。世界に暮らす人々は、もはや想像力の壁にさえぎられることなく、現実に接触し交流を持つようになる。そのことを通じて、世界の他の地域に暮らす人々が自分と同じ人間であることを、リアリティを持って感じるようになるだろう。他方で、直接の接触が増えるということは互いの間の不平等をさらに浮き彫りにし、対立感情も高めていく。平等と不平等の織り成すダイナミズムは、世界のありとあらゆる既成の組織を直撃し、長期的にはそれを揺さぶり、あるいは解体・変容させていくばかりでなく、新しい摩擦や衝突を生み出していくのである。「デモクラシー」の未来像は、あくまで平等化の進展を正当なものとして承認したうえで、その矛盾、その混乱をあえて引き受けて、新しい社会組織や個人の生き方のモデルを構想していくことにかかっている。

トクヴィルの平等化の予言とも通底する、現代における新たな秩序についての考察が、何人かの論者によって示されている。例えば社会学者のジークムント・バウマンは『リキッド・モダニティ』において、「液状化」という言葉で現代における秩序イメージを表現している。彼によれば、近代の最初の段階ではフォーディズムの工場や、パノプティコン型の牢獄に象徴されるように、個人をしかるべき位置に固定し、役割を強制し、そして監視するような、重厚で凝縮的な組織が追い求められたとすれば、近代が新たな段階を迎えた今日では、むしろ個人をそのような組織化から解放し流動化させたうえで、その代わりに自己実現と自己管理の責任を個人により苛酷に求めるようになっている。そのようななか、個人は行為の規範や基準がないにもかかわらず、むしろそれゆえに、自らそのような規範や基準を作り出していくことを求められていくとバウマンはいう。

またジャーナリストのトーマス・フリードマンは『フラット化する世界』において、「フラット化」というキーワードによって、冷戦の終焉、インターネットの普及、世界的な分業の再編によって生じた、世界的な変化を説明している。世界のシステムのモデルは垂直的な、指揮と統制によるものから、水平的な、接続と共同作業によるものへと移り、新たな付加価値はもはやその後者からしか生まれなくなっているという。そこで必要とされているのは、伝統的な結びつきが解体していくなか、個人のアイデンティティまでも含めた組織原理の「大規模な整理」であり、それに応じた新しい生き方が模索されていく。トクヴィルの「デモクラシー」とは、これらの論者が指摘している、「液状化」や「フラット化」とも相通ずる現象をより広い歴史的射程で捉えているばかりでなく、組織原理の「大規模な整理」や新たな規範や基準の創出という課題にも何らかの指針を示しているものと思われる。それはすなわち、このようにして水平化し分権化した社会（それは必ずしも個人への抑圧のない社会ではない）を、いかに民主的に再組織化していくか、ということである。

その場合、トクヴィルがアメリカに見いだした水平的な秩序、すなわち強い上からの中央集権的統制なしに、人々の自発的な結びつきを有効に組織化することで可能になる秩序のイメージは、一つの示唆を与えてくれるものであろう。ただし、これはあくまで有効な組織化を前提にしているのであり、単なる中央集権の欠如という消極的な状態ではない。むしろ積極的に水平的な諸組織間の調整がはかられている状態であることを忘れてはならないだろう。トクヴィルは「司法の政治的役割」とか「宗教の政治的役割」といった言葉をよく使うが、そのような彼の思考にあったのは、あくまで三権分立を前提としつつも、しかし、三権のなかでもっとも非政治的に見える司法権ですら、実は「デモクラシー」の秩序全体において重要な秩序形成機能を果たしている、ということを強調することであった。また、宗教という政治の外部にあり非現世的な彼岸にこそ価値の基礎を置く営みですら、そのことによって「デモクラシー」の秩序を規制していることを明らかにすることであった。このように、

「デモクラシー」とはあくまで一線を画した諸領域、諸原理すらも、広い意味での「デモクラシー」の機能連関に組み込むことによって、有効な秩序を多元的に構想することに役立つ。一枚岩的でない、複合的な正当性の諸原理を包括する「デモクラシー」を模索し続けること、それがトクヴィルの残してくれた知的遺産を今日的に活用することである。「デモクラシー」を軸に近代社会の特質を読み解くこと、そのことを通じてさらに現代社会の複雑な諸問題を「デモクラシー」のなかで解決していくこと、そしてそのための道筋を探り続けること。トクヴィルを読むことは、私たちにそのような営みに自ら加わる勇気を与えてくれるのである。

註

●はじめに

（1）*De la démocratie en Amérique, II*, p.596.（『デモクラシー』第二巻〈上〉、一四九頁）
（2）*De la démocratie en Amérique, II*, p.850.（『デモクラシー』第二巻〈下〉、二七八頁）
（3）*De la démocratie en Amérique, I*, p.8.（『デモクラシー』第一巻〈上〉、一六頁）

●第一章

（1）*De la démocratie en Amérique, I*, p.8.（『デモクラシー』第一巻〈上〉、一六頁）
（2）*De la démocratie en Amérique, II*, p.554.（『デモクラシー』第二巻〈上〉、八二頁）
（3）*De la démocratie en Amérique, I*, p.3.（『デモクラシー』第一巻〈上〉、九頁）
（4）*De la démocratie en Amérique, I*, p.15.（『デモクラシー』第一巻〈上〉、二七頁）

●第二章

（1）*De la démocratie en Amérique, I*, p.15.（『デモクラシー』第一巻〈上〉、二七頁）
（2）*De la démocratie en Amérique, I*, p.3.（『デモクラシー』第一巻〈上〉、九頁）
（3）*De la démocratie en Amérique, I*, p.3.（『デモクラシー』第一巻〈上〉、九頁）
（4）*De la démocratie en Amérique, I*, p.9.（『デモクラシー』第一巻〈上〉、一八頁）
（5）*De la démocratie en Amérique, II*, p.521.（『デモクラシー』第二巻〈上〉、三〇頁）
（6）*De la démocratie en Amérique, II*, p.651.（『デモクラシー』第二巻〈上〉、二三七―二三八頁）
（7）*L'Ancien Régime et la Révolution*, p.107.（『旧体制と革命』、一四七頁）
（8）*L'Ancien Régime et la Révolution*, p.132.（『旧体制と革命』、一九三頁）
（9）*L'Ancien Régime et la Révolution*, p.139.（『旧体制と革命』、二〇七頁）

(10) *De la démocratie en Amérique*, *II*, p.513.（『デモクラシー』第二巻〈上〉、一七─一八頁）
(11) *De la démocratie en Amérique*, *II*, p.513.（『デモクラシー』第二巻〈上〉、一八頁）
(12) *De la démocratie en Amérique*, *II*, p.520.（『デモクラシー』第二巻〈上〉、二八頁）
(13) *De la démocratie en Amérique*, *II*, p.850.（『デモクラシー』第二巻〈下〉、二七八頁）
(14) *De la démocratie en Amérique*, *II*, p.612.（『デモクラシー』第二巻〈上〉、一七五頁）
(15) *De la démocratie en Amérique*, *II*, p.521.（『デモクラシー』第二巻〈上〉、二九─三〇頁）
(16) *De la démocratie en Amérique*, *II*, p.836.（『デモクラシー』第二巻〈下〉、二五六頁）
(17) *De la démocratie en Amérique*, *II*, p.539.（『デモクラシー』第二巻〈上〉、五九頁）
(18) *De la démocratie en Amérique*, *II*, p.837.（『デモクラシー』第二巻〈下〉、二五七頁）
(19) *De la démocratie en Amérique*, *II*, p.616.（『デモクラシー』第二巻〈上〉、一八一頁）

●第三章

(1) *De la démocratie en Amérique*, *I*, p.15.（『デモクラシー』第一巻〈上〉、二七頁）
(2) *De la démocratie en Amérique*, *I*, p.15.（『デモクラシー』第一巻〈上〉、二七頁）
(3) *De la démocratie en Amérique*, *I*, p.70.（『デモクラシー』第一巻〈上〉、一〇三頁）
(4) *De la démocratie en Amérique*, *I*, p.60.（『デモクラシー』第一巻〈上〉、八九頁）
(5) *De la démocratie en Amérique*, *I*, p.63.（『デモクラシー』第一巻〈上〉、九三頁）
(6) *De la démocratie en Amérique*, *I*, pp.56–57.（『デモクラシー』第一巻〈上〉、八四頁）
(7) *De la démocratie en Amérique*, *I*, p.58.（『デモクラシー』第一巻〈上〉、八七頁）
(8) *De la démocratie en Amérique*, *I*, p.70.（『デモクラシー』第一巻〈上〉、一〇三─一〇四頁）
(9) *De la démocratie en Amérique*, *II*, p.607.（『デモクラシー』第二巻〈上〉、一六七─一六八頁）
(10) *De la démocratie en Amérique*, *I*, p.44.（『デモクラシー』第一巻〈上〉、六五─六六頁）
(11) *De la démocratie en Amérique*, *I*, p.222.（『デモクラシー』第一巻〈下〉、五三頁）
(12) *De la démocratie en Amérique*, *I*, p.226.（『デモクラシー』第一巻〈下〉、五九頁）
(13) *De la démocratie en Amérique*, *I*, pp.86–87.（『デモクラシー』第一巻〈上〉、一二六頁）

(14) *De la démocratie en Amérique*, *I*, p.77.（『デモクラシー』第一巻〈上〉、一一四頁）
(15) *De la démocratie en Amérique*, *I*, p.77.（『デモクラシー』第一巻〈上〉、一一四頁）
(16) *De la démocratie en Amérique*, *I*, p.78.（『デモクラシー』第一巻〈上〉、一一六頁）
(17) *De la démocratie en Amérique*, *I*, p.103.（『デモクラシー』第一巻〈上〉、一四七―一四八頁）
(18) *De la démocratie en Amérique*, *I*, p.256.（『デモクラシー』第一巻〈下〉、九八―九九頁）
(19) *De la démocratie en Amérique*, *I*, p.319.（『デモクラシー』第一巻〈下〉、一九三―一九四頁）
(20) *De la démocratie en Amérique*, *I*, p.124.（『デモクラシー』第一巻〈上〉、一八一頁）
(21) *De la démocratie en Amérique*, *I*, p.189.（『デモクラシー』第一巻〈上〉、二七四頁）
(22) *De la démocratie en Amérique*, *I*, p.175.（『デモクラシー』第一巻〈上〉、二五三頁）
(23) *De la démocratie en Amérique*, *I*, p.186.（『デモクラシー』第一巻〈上〉、二六九頁）
(24) *De la démocratie en Amérique*, *I*, p.35.（『デモクラシー』第一巻〈上〉、五五頁）
(25) *De la démocratie en Amérique*, *I*, p.38.（『デモクラシー』第一巻〈上〉、五九頁）
(26) *De la démocratie en Amérique*, *I*, pp.40-41.（『デモクラシー』第一巻〈上〉、六二頁）
(27) *De la démocratie en Amérique*, *I*, p.41.（『デモクラシー』第一巻〈上〉、六二頁）
(28) *De la démocratie en Amérique*, *I*, pp.332-333.（『デモクラシー』第一巻〈下〉、二一三頁）
(29) *De la démocratie en Amérique*, *I*, p.13.（『デモクラシー』第一巻〈上〉、二三頁）
(30) *De la démocratie en Amérique*, *I*, p.14.（『デモクラシー』第一巻〈上〉、二五頁）
(31) *L'Ancien Régime et la Révolution*, p.84.（『旧体制と革命』、一〇五頁）
(32) *De la démocratie en Amérique*, *I*, p.342.（『デモクラシー』第一巻〈下〉、二二六頁）

●第四章

(1) *De la démocratie en Amérique*, *I*, p.212.（『デモクラシー』第一巻〈下〉、三八頁）
(2) *De la démocratie en Amérique*, *II*, p.629.（『デモクラシー』第二巻〈上〉、二〇二頁）
(3) *De la démocratie en Amérique*, *II*, p.629.（『デモクラシー』第二巻〈上〉、二〇二頁）
(4) *De la démocratie en Amérique*, *II*, p.624.（『デモクラシー』第二巻〈上〉、一九四頁）

(5) *De la démocratie en Amérique*, *I*, pp.214–215.（『デモクラシー』第一巻〈下〉、四一頁）
(6) *De la démocratie en Amérique*, *I*, p.218.（『デモクラシー』第一巻〈下〉、四七頁）
(7) *De la démocratie en Amérique*, *II*, pp.632–633.（『デモクラシー』第二巻〈上〉、二〇七頁）
(8) *De la démocratie en Amérique*, *II*, p.622.（『デモクラシー』第二巻〈上〉、一九〇頁）
(9) *Souvenirs*, p.38.（『回想録』、三一頁）
(10) *Souvenirs*, p.95.（『回想録』、一三一頁）
(11) *Souvenirs*, p.225.（『回想録』、三七二—三七三頁）
(12) *De la démocratie en Amérique*, *II*, p.633.（『デモクラシー』第二巻〈上〉、二〇七頁）
(13) *De la démocratie en Amérique*, *II*, p.623.（『デモクラシー』第二巻〈上〉、一九二頁）
(14) *De la démocratie en Amérique*, *I*, p.343.（『デモクラシー』第一巻〈下〉、二二八頁）
(15) *De la démocratie en Amérique*, *II*, p.636.（『デモクラシー』第二巻〈上〉、二一二頁）
(16) *De la démocratie en Amérique*, *II*, p.640.（『デモクラシー』第二巻〈上〉、二二〇頁）
(17) *De la démocratie en Amérique*, *II*, p.637.（『デモクラシー』第二巻〈上〉、二一五頁）
(18) *De la démocratie en Amérique*, *II*, p.665.（『デモクラシー』第二巻〈上〉、二五九頁）
(19) *De la démocratie en Amérique*, *I*, p.336.（『デモクラシー』第一巻〈下〉、二一七頁）
(20) *De la démocratie en Amérique*, *I*, p.346.（『デモクラシー』第一巻〈下〉、二三四頁）
(21) *L'Ancien Régime et la Révolution*, p.88.（『旧体制と革命』、一一三頁）
(22) *De la démocratie en Amérique*, *I*, p.272.（『デモクラシー』第一巻〈下〉、一二四頁）
(23) *De la démocratie en Amérique*, *I*, p.274.（『デモクラシー』第一巻〈下〉、一二六頁）
(24) *De la démocratie en Amérique*, *II*, p.519.（『デモクラシー』第二巻〈上〉、二六頁）
(25) *De la démocratie en Amérique*, *II*, p.532.（『デモクラシー』第二巻〈上〉、四六頁）
(26) *De la démocratie en Amérique*, *II*, p.532.（『デモクラシー』第二巻〈上〉、四六頁）
(27) *De la démocratie en Amérique*, *I*, p.282.（『デモクラシー』第一巻〈下〉、一三八頁）
(28) *De la démocratie en Amérique*, *II*, pp.635–636.（『デモクラシー』第二巻〈上〉、二一二頁）
(29) *De la démocratie en Amérique*, *I*, p.65.（『デモクラシー』第一巻〈上〉、九七頁）

(30) *De la démocratie en Amérique*, *I*, pp.279–280.（『デモクラシー』第一巻〈下〉、一三四―一三五頁）
(31) *De la démocratie en Amérique*, *I*, p.281.（『デモクラシー』第一巻〈下〉、一三六頁）
(32) *De la démocratie en Amérique*, *I*, p.266.（『デモクラシー』第一巻〈下〉、一一四頁）
(33) *De la démocratie en Amérique*, *I*, p.268.（『デモクラシー』第一巻〈下〉、一一八頁）
(34) *De la démocratie en Amérique*, *I*, p.314.（『デモクラシー』第一巻〈下〉、一八六頁）
(35) *De la démocratie en Amérique*, *I*, p.303.（『デモクラシー』第一巻〈下〉、一七〇頁）

参考文献

トクヴィルについてさらに知りたいという読者のために、日本語で読めるものを中心に選んだ。

●トクヴィルの生涯を知るために

アンドレ・ジャルダン（大津真作訳）『トクヴィル伝』、晶文社、一九九四年

●トクヴィルについて全般的に知るために

小山勉『トクヴィル—民主主義の三つの学校』、ちくま学芸文庫、二〇〇六年

河合秀和『トックヴィルを読む』、岩波書店、二〇〇一年

ジャック・クーネン＝ウッター（三保元訳）『トクヴィル』、白水社（文庫クセジュ）、二〇〇〇年

Laurence Guellec, *Tocqueville: L'Apprentissage de la liberté*, Michalon, 1996

Larry Siedentop, *Tocqueville*, Oxford University Press, 1994

●さらに踏み込んでトクヴィルを知るために

松本礼二『トクヴィル研究—家族・宗教・国家とデモクラシー』、東京大学出版会、一九九一年

宇野重規『デモクラシーを生きる—トクヴィルにおける政治の再発見』、創文社、一九九八年

松本礼二・三浦信孝・宇野重規編『トクヴィルとデモクラシーの現在』、東京大学出版会、二〇〇九年

Jean-Claude Lamberti, *Tocqueville et les deux démocraties*, Presses Universitaires de France, 1983

Jack Lively, *The Social and Political Thought of Alexis de Tocqueville*, Oxford University Press, 1965

Pierre Manent, *Tocqueville et la nature de la démocratie*, Fayard, 1993

●アメリカでのトクヴィルの足跡を追って

阿川尚之『トクヴィルとアメリカへ』、新潮社、一九九七年

中田豊『民主主義を旅する』、清水書院、一九九六年

●『思想』の二度のトクヴィル特集

『思想』第七三三号「特集　トクヴィルを読む─『アメリカのデモクラシー』出版150年」、一九八五年七月

『思想』第九七九号「特集　トクヴィル」、二〇〇五年一一月

●各章で言及・参照した文献

はじめに

レイモン・アロン（北川隆吉他訳）『社会学的思考の流れ　Ⅰ・Ⅱ』、法政大学出版局、一九七四─八四年

第一章

スタンダール（桑原武夫・生島遼一訳）『赤と黒』（上）（下）、岩波文庫、一九五八年

松本礼二「フランス思想史におけるアメリカ問題」（上）、『思想』第六八一号、一九八一年三月、同（下）、『思想』第六八三号、一九八一年五月

フランソワ・ギゾー（安士正夫訳）『ヨーロッパ文明史─ローマ帝国の崩壊よりフランス革命にいたる』、みすず書房、一九八七年

A・ハミルトン、J・ジェイ、J・マディソン（斎藤眞・中野勝郎訳）『ザ・フェデラリスト』、岩波文庫、一九九九年

第二章
モンテスキュー（野田良之他訳）『法の精神』（上）（中）（下）、岩波文庫、一九八九年
松澤和宏『『ボヴァリー夫人』を読む―恋愛・金銭・デモクラシー』、岩波書店、二〇〇四年
フランソワ・フュレ（大津真作訳）『フランス革命を考える』、岩波書店、一九八九年
S・ルークス、J・プラムナッツ（田中治男訳）「個人主義の諸類型」『個人主義と自由主義』、平凡社、一九八七年
エミール・デュルケーム（宮島喬訳）『自殺論』、中央公論社、一九八五年
Robert Legros, *L'avènement de la démocratie*, Grasset, 1999

第三章
J・シュライファー（宇野重規訳）「トクヴィル『アメリカのデモクラシー』―アメリカ人の読み方―」『思想』第九七九号、二〇〇五年一一月
F・メロニオ（三浦信孝訳）「トクヴィルあるいはヨーロッパの不幸な意識」『思想』第九七九号、二〇〇五年一一月
モンテスキュー（大岩誠訳）『ペルシア人の手紙』（上）（下）、岩波文庫、一九五〇―五一年
ジョン・ロールズ（矢島鈞次監訳）『正義論』、紀伊國屋書店、一九七九年
エティエンヌ・バリバール（大森秀臣訳）「『人権』と『市民権』―現代における平等と自由の弁証法」『現代思想』第二七巻五号、一九九九年五月
髙山裕二「アメリカのデモクラシーの世論と宗教の境界―トクヴィルとリヴァイヴァリズム―」『早稲田政治経済学雑誌』第三六五号、二〇〇六年一〇月

第四章

マックス・ウェーバー（中村貞二訳）「プロテスタンティズムの教派と資本主義の精神」『宗教・社会論集』、河出書房新社、一九八八年

ジャン＝ジャック・ルソー（桑原武夫・前川貞次郎訳）『社会契約論』、岩波文庫、一九五四年

フランシス・フクヤマ（渡部昇一訳）『歴史の終わり―歴史の終点に立つ最後の人間』（上）（中）（下）、三笠書房（知的生き方文庫）、一九九二年

Sheldon S. Wolin, *Tocqueville Between Two Worlds: The Making of a Political and Theoretical Life*, Princeton University Press, 2001

結び

ルイス・ハーツ（有賀貞訳）『アメリカ自由主義の伝統』、講談社学術文庫、一九九四年

ジークムント・バウマン（森田典正訳）『リキッド・モダニティ―液状化する社会』、大月書店、二〇〇一年

トーマス・フリードマン（伏見威蕃訳）『フラット化する世界』（上）（下）、日本経済新聞社、二〇〇六年

Bruce Ackerman, "The New Separation of Powers", *Harvard Law Review*, vol.113, 2000

あとがき

著者にとって、本書はトクヴィルについての二冊目の本である。前著『デモクラシーを生きる―トクヴィルにおける政治の再発見』（創文社）は著者の博士論文を元にしたものであるが、本書は前著の執筆以降の著者のトクヴィル研究の進展を示すものであると同時に、一人でも多くの読者にトクヴィルの魅力を知ってもらいたいという意図の下に執筆された。

前著を書いて以来、日常のなかで投げかけられた何気ない二つの言葉が、著者の脳裏に残っている。

一つは大学院生を対象にしたある演習でのものである。著者にとって『アメリカのデモクラシー』を演習の教材に選ぶことは、ある意味で、自分の一番の持ち札を切ることである。当然のことながら、今まで自分がこの本に読み込んできたもの、さらに前著の刊行以後の新たな知見を、なるべく演習のなかに盛り込みたい、と思う。ところが、著者の未熟さゆえであろう、そのような思いは逆に演習の内容をわかりにくいものにしてしまったようだ。ある日、ある参加者がぽつりとこう言ったのを、今でも鮮明に覚えている。

「先生、今まで僕はいろいろな思想家の著書を読んできて、そのたびに、ああこの思想家はこういうことが言いたいんだな、ということがだいたいわかった気がします。ところがトクヴィルの場合、読めば読むほど、結局、彼が何を言いたいのかわからなくなってしまいました」

ある意味、思想家のテキストを読み込むほど、議論のニュアンスがわかるようになり、その分、話が複雑に見えてくるということは往々にしてあることだ。でも、彼の発言からは、心底「わからなくなった」という気分がにじみ出ていた。他の難解な思想家ならいざ知らず、きわめて明快なトクヴィルのテキストである。ある意味、演習は、元来わかりやすいものを、あえてわかりにくくしてしまったようなものではないかと、ちょっと頭を抱えてしまった。それでは、どのように焦点をしぼれば、トクヴィルの思想をもっとわかりやすく伝えられるのか。このことは長く著者の宿題として残ることになった。

もう一つの言葉は、職場の同僚との会話である。その同僚もまた、きわめて単刀直入にこう言った。「なんで、今頃になって、あらためてトクヴィルがそんなに話題になるんでしょうね。自分には、最近多くの人がトクヴィル、トクヴィルと言う理由が、どうもよくわかりません」。これまた答えに窮する問いかけであった。一〇秒ほど失語状態に陥った後に、「まあ、冷戦終焉の影響もあるでしょうし……」などとお茶を濁して、その場を去ったように記憶している。

想像するに、同僚の言い分はこんなところだろう。たしかに、本を読んでいて、トクヴィルへの言及を目にすることは多い。デモクラシー論一般からはじまって、地方自治論、結社論、陪審論に至るまで、しばしば話の導入としてトクヴィルの名前があげられる。しかしながら、それははたして、トクヴィルを持ち出さなくてはできない議論だろうか。あえてトクヴィルに触れることで、何か新しいことが見えて来るのか。ある意味、トクヴィルは、私たちにとって、すでに既知の思想家なのではなかろうか。

本書は、この二つの言葉、二つの素朴な問いかけに対し、何とか答えようとしたものである。トクヴィルの名前を聞いたことのある人は少なくないだろうし、ある意味で何となく彼のイメージもできあがっている。しかしながら、ではトクヴィルとは本質的にいかなる思想家なのか、今トクヴィルを論じるとすれば、その理由は何なのか、とあらためて問われると、それに明解な答えを出すのはけっして容易でない。多くの人がトクヴィルの書いた文章に魅力を感じているはずであるが、その魅力の源泉は何かと問われるならば、やはり一言で答えるのは難しいだろう。この本は今の著者の持てる全力を振り絞ってこれらの課題に答えようとするものである。それだけに、彼らがこの本を読んで、「トクヴィルって、やっぱり面白いですね」と言ってくれることを願うばかりである。

この本の構想にあたっては、二つの出来事がとくに重要な意味を持った。

一つは二〇〇五年六月に松本礼二先生、三浦信孝先生という、トクヴィル研究、フランス研究の大先輩とともに、トクヴィル生誕二〇〇周年を記念しての国際シンポジウムを東京で開催したことである。このシンポジウムを通じて、アメリカ・フランス・日本の優れた研究者たちとトクヴィルについて論じあったことは、著者にとってトクヴィルと再度、徹底的に向かい合うための絶好の機会となった（トクヴィルが平等の理論家であると同時に、不平等の理論家でもあるということも、このシンポジウムでたびたび論じられたテーマであった）。また、アメリカとフランスの二つの文脈の交錯する部分においてトクヴィルを読むということの意味をあらためて確認することにもなった。このシンポジウムに関わったすべての方々、とくに松本、三浦両先生にお礼を申し上げたい（なお、このシンポジウムの成果については、松本礼二・三浦信孝・宇野重規編『トクヴィルとデモクラシーの現在』［東京大学出版会］を参照）。

もう一つは、同じ年の秋に名古屋大学文学部・同大学院文学研究科で集中講義をさせていただいたことである。与えられたテーマはなんと「トクヴィル」であった。トクヴィルについて、いや、トクヴィルについてだけ、四日間にわたって好きなだけ話をしていいというのは、トクヴィル研究者にとっては夢のような場であった。そのような機会を与えてくださった同大学の松澤和宏先生と、集中講義に参加してくださった学部学生・大学院生のみなさんに、あらためて感謝したい。本書の骨格はそのときにできあがったものであり、集中講義でのやりとりの残響が本書の至る所に残っているはずである。とくに文学を専攻とする学生のみなさんとトクヴィルを論じあったことは、これまでもっぱら政治学の領域において研究を進めてきた著者にとって、視野を広げるまたとない機会となった。

また、この本の原稿を、たんねんにチェックして下さった、気鋭のトクヴィル研究者である髙山裕二さん（早稲田大学政治経済学部助手・当時）にも感謝したい。もちろん、この本のすべての責任が著者にあることは言うまでもないが、少しでも誤りが少なくなり、内容が改善されているとすれば、髙山さんのおかげである。

なお、本文冒頭のイラストレーションは、著者の幼なじみの古屋兎丸さんに描いていただいた。著者は小学生の頃、根っからの漫画少年であったが、そのときの最大の漫画仲間が古屋さんである。放課後、毎日のように古屋さんのうちに行って、漫画を読んだり、描いたりしていたことを思い出す。著者の画才はその後まったく発展せず、わずかに現在、子供にドラえもんの絵を描いてあげるという一点において、役立っているばかりである。これに対し古屋さんは専門的に美術を学ばれ、高校教師を経て、プロの漫画家になられた。進む道を異にした結果、その後長く連絡が途絶えていた二人であるが、昨年著者がある新聞に文章を寄稿した際、同じ新聞に古屋さんがイラストを描かれていたことから、メールや電話でのやりとりが復活した。今回、イラストをお願いするにあたって、ほとんど二〇年ぶりに再会したのだが、不思議なもので、会って話をし出すと、あっという間に、昔の気分に戻ってしまった。古屋さんにイラストをお願いしたのは、もちろん二人の思い出のためでもあるが、それだけではなく、思想のエッセンスや思想家のイメージをビジュアルを活用してどれだけ読者に伝えられるかという試みでもある。すばらしい絵を描いて下さった古屋さんに、心より感謝したい。

最後に編集の労をとられた講談社の山崎比呂志さんにお礼を申し上げたい。ちなみに山崎さんは、元仏文青年にして、元漫画編集者である。その意味で、この本の編集者として、山崎さんほどふさわしい方はなかったと言えるだろう。

なお、本書は文部科学省科学研究費補助金、若手研究（B）「現代政治哲学におけるアメリカとフランス—接近と対立」の研究成果の一部である。

二〇〇七年四月二四日

宇野重規

補章　二一世紀においてトクヴィルを読むために

本書の「結び　トクヴィルの今日的意義」を執筆したのは、二〇〇七年のことである。その後一〇年以上が過ぎたが、トクヴィルの「今日的意義」は増すばかりである。ある意味で、「トクヴィル的」とでも呼ぶべき状況がますます強まっている。

それでは「トクヴィル的」とは何か。最初に指摘すべきは、デモクラシー社会における知的権威の後退とでも呼ぶべき状況である。本書の八二頁における記述を、あらためて振り返ってみたい。トクヴィルの理解によれば、近代西欧の知の歴史は次のように展開してきた。

トクヴィル的状況

教会の伝統的な権威を認めず、真理を神の言葉自体に求め、一人ひとりの信者が直接聖書を読むことを促したルターの宗教改革、すべてを疑う自己の主観のみをたしかなものとしたデカルトの認識論哲学、カトリックの知的権威に敢然と挑戦したヴォルテールに代表される啓蒙主義。その歴史が指し示すのは、超越的あるいは伝統的な権威を失墜させ、人々に自己のうちにのみ知的権威を認めるよう促すという、基本的趨勢であった。

このような趨勢は、まさに平等化とコインの表裏をなすものであった。

かつての社会には、善かれ悪しかれ「知の権威」が存在した。それは宗教的な教義であったり、過去からの慣習や古老の知恵であったりした。人々にとって、それらは文字通りの権威——力によって強制されなくても、人々が自ずと従う価値や規範の源泉——であった。これに対し、平等化が進展するにつれ、そのような権威が無批判に受け入れられることは少なくなっていく。

自分はなぜこの人（この本、この組織、この教義……）に従うべきなのか。同じ人間である以上、間違えることがあるだろう。嘘を言うこともあるかもしれない。だとしたら、自分で確かめたことしか認めるべきではないし、少なくとも他人の言いなりになるべきでない。このような感覚をトクヴィルは「デカルト主義」と呼んだ。すべてを疑い、ものごとの理屈をすべて自分のうちに探す傾向を、アメリカ人はそれと知らずに身につけている。これはまさに、アメリカにおける平等化の産物であるとトクヴィルは論じたのである。

トクヴィルはあらゆる知的権威を疑ってかかる知の個人主義を、基本的には評価している。それは知の惰性を打ち破り、新たな思考の可能性を生み出すだろう。しかしながら、トクヴィルは同時に次のように問う。はたして平等化社会を生きる個人は、本当にそのような「知の権威」の不在状態に耐えられるのか。すべてを自分で確かめることには限界がある以上、人はどこかで別の権威を求めてしまうのではないか。トクヴィルが指摘するのは、例えば「多数の暴政」である。

特定の個人を取り上げれば、この世に特別な人はいない。が、そのような人々が集まったとき、その集合的な意見には独特の重みがある。むしろ、平等化時代の個人にとって、多数者の声こそが、唯一にして絶対的な知的権威となるであろう。せっかく知の独立を得た平等化時代の個人は、いとも易々とその独立を多数者の権威の前に放棄してしまうのではないかとトクヴィルは恐れた。

自分の頭でものを考えようとする人が、逆に、身の周りにいる自分と同じような他人の声に振り回されやすくなる。このことを、トクヴィルは矛盾とは考えなかった。あらゆる権威を否定する平等化時代の個人は、すべてを自分のうちに見出そうとする。しかしながら、自分のうちに絶対的なものがあるわけではない。結局、自分の頭で考えようとすればするほど、他人の影響を受けやすくなる。特定の個人の権威を認めないにもかかわらず、多数者の声に対してはひどく従順になることこそ、「トクヴィル的」とでも呼ぶべき状況であった。

SNS時代の知的「権威」

特定の個人ではなく、多数者の声こそが個人にとっての権威となる。このことを現代において如実に示すのはインターネットの世界であろう。この点については、二〇〇七年の時点でも、グーグルに代表される検索エンジンについて触れている。現代では専門家より、むしろネット上の膨大な情報の海から検索される結果の方が「権威」を持ちうる。この傾向は、この一〇年でますます加速したと言えるだろう。ツイッター、フェイスブックなどのSNSが普及したのはまさにこの期間であり、いまや世論を形成するにあたって、インターネットの影響力は増すばかりである。

その象徴はアメリカのトランプ大統領である。トランプはSNSを通じた選挙戦を展開し、大統領当選後も記者会見よりはむしろ、ツイッター上での発信を好んでいる。自分に気に入らない報道をするニューヨーク・タイムズやCNNなどを執拗に攻撃するなど、旧来型のマスメディアに対してはきわめて敵対的である。トランプにとってはマスメディアこそ既得権を持つエリートの拠点であり、その権威を否定することは彼にとっての重要な政治戦略にほかならない。旧来型のマスメディアがあくまで一方向的であり、情報を発信する側に圧倒的な権威があったとすれば、情報のやりとりが双方向的になるSNSの時代において、その権威が相対化されるのは必然である。トランプはまさにそのような時代が生み出した政治家である。

さらに象徴的なのはウィキペディアである。ウィキペディアが開始したのは二〇〇一年であるが、その影響力が飛躍的に拡大したのはやはりこの一〇年であろう。インターネットにアクセスできる誰もが自由に編集に参加できるオンライン百科事典であるウィキペディアにおいて、執筆者は専門家とは限らない。その情報がどの程度正確なのかも明らかでない。にもかかわらず、ウィキペディアがかくも大きな成功を収めたことは、現代における知の権威のありようを考える上で重要だろう。匿名の執筆者によるネット上の百科事典が広く普及したことは、専門家の権威よりむしろ、多くの人々によって執筆・編集・修正された情報の方が頼りにされる時代の特徴をよく示している。マイクロソフト社が製作・販売した電子百科事典である「エンカルタ」が二〇〇九年に販売終了したことを考えてみても、専門家の記事をどれほど集めても、不特定多数による集合知に勝つことができないことがわかる。知の権威の変質を示す、象徴的な出来事であると言えるだろう。

トクヴィルの分析によれば、平等化時代の個人は、すべてを自分で判断しようとして、むしろ多数者の声に従属する。何ごとを判断するにあたってもまずは「ネット世論」を参照する現代人は、その意味でまさに「トクヴィル的」である。さらにトクヴィルは、その独自の「個人主義」論において、他人との関係が希薄化した平等化時代の個人が、自分の世界に閉じこもりつつも、世の中の動きに無関心ではいられないと論じた。そのような個人はむしろ人一倍、世論の動向や流行に敏感である。孤立しているがその精神状態は落ち着かず、つねに焦燥感に駆り立てられている。すぐ隣の人とさえコミュニケーションを取ることがなく、自らの世界に完全に閉じこもっているにもかかわらず、その外にある社会の動きを四六時中チェックしている人間。社会の変化に一喜一憂し、流行に遅れることに何よりも焦りを感じる人間。今から二〇〇年近く前を生きたトクヴィルの分析した人間像が、不思議と二一世紀の日本社会にもそのまま存在するように見えるのは、著者ばかりではあるまい。

ジャクソニアン・デモクラシー

現代を考える上で欠かすことのできないキーワードの一つであるポピュリズムについても、トクヴィルは示唆を与えてくれる。すでにアメリカのトランプ大統領に言及したが、トクヴィルのアメリカ観察は、この人物を理解するための一助となりうる。

トクヴィルがアメリカを訪問したのは一八三一年のことである。当時のアメリカ大統領はアンドリュー・ジャクソンであった。南部の開拓民出身であり、米英戦争での活躍によって名声を得て大統領になったジャクソンは、それまでの歴代大統領とは大きく異なる性格を持っていた。ジョージ・ワシントンから直前のジョン・クィンジー・アダムズに至るまで、アメリカの大統領はいずれも高い教育を受けたエリートの出身であり、その多くは大土地所有地主であった。それと比べると、南部の開拓地に貧しく育ち、高等教育を受けることなく世に出たジャクソンはいかにも異質な存在である。自らの努力と才覚によって大統領の地位まで上り詰めたジャクソンは、まさにアメリカの平等化の波を象徴する人物であった。彼の時代を指して「ジャクソニアン・デモクラシー」と呼ぶのも、無理からぬことである。

ジャクソンはネイティブ・アメリカンからその土地を奪い、居留地に強制隔離したことで悪名高い。そもそも彼が活躍のきっかけを得たのはネイティブ・アメリカンとの戦闘によってであり、その過程で女性を含む大量虐殺を行っている。しかしながら、そのようなジャクソンに対する民衆の支持は大きかった。ジャクソンもまた、東部のエリートではなく、南部や西部の名もなき人々こそが自らの基盤であると見定め、彼らの支持を取りつけるべく努めている。ワシントンやニューヨークにいるエリートではなく、地域に根ざして独力で生きる人間こそをよしとするアメリカの「セルフ・メイド・マン」のイメージの一つの源は、このジャクソンにあると言えるだろう。

ジャクソン大統領について、トクヴィルは両義的な姿勢を示している。彼は一方で、ジャクソン大統領が、それまでの大統領と比べ、教養の点で劣るとする。ワシントンの議場を見学したトクヴィルは、大統領から議員に至るまで、優れた人物に乏しいことを指摘する。むしろジョン・クィンジー・アダムズ前大統領と知遇を得て親近感を覚えるなど、貴族青年であったトクヴィルにとって、ジャクソン大統領は遠い存在であった。にもかかわらず、トクヴィルは他方で、彼を大統領の地位に押し上げたデモクラシーの力を見落とすことはなかった。仮にジャクソンが個人としては優れた人物でなかったとしても、彼のような庶民出身の人物に成功の可能性を与えたアメリカ社会の変化は注目に値する。トクヴィルはその変化を探ることで、自らのデモクラシーの像を築いていったのである。

トクヴィルとポピュリズム

ポピュリズムの語源となったのは、一九世紀末のアメリカ南部や西部において、鉄道や銀行など大資本の攻勢の前に貧窮した中小の農民を基盤とする人民党（Populist Party, People's Party）である。大資本やそれと結びついた既成の政党に対する反発を原動力とするこの政党は、それ自体としては短期間に終わりを迎えたが、反エスタブリッシュメント、反エリートの抵抗運動としてのポピュリズムの伝統は、アメリカ政治の大きな底流として続いていくことになる。ポピュリズムの起源にあるのがジャクソン大統領であり、トクヴィルはその背景にあるデモクラシーの力に着目した最初の思想家と言えるだろう。

トランプ大統領自身は富豪であり、ニューヨークの出身である。その意味で、南部出身のジャクソンや、南西部の中小農民の運動であるポピュリズムとの類推は必ずしも適切でないかもしれない。にもかかわらず、トランプが政治・経済・メディアのエリートに対する人々の反発を自らの原動力とし、既成の政治組織と縁のないアウトサイダーであることを強調している点において、アメリカにおける根強いポピュリズムの伝統を継承していることは間違いない。人種差別的である点においてジャクソンに似るトランプは、東部のエリートの象徴的人物を破って大統領に当選している点でも共通する。その言動を無教養で差別的と批判することは容易だが、それだけでは済まない点において、二人の大統領は共通している。

ちなみにワシントンの政界に失望したトクヴィルであるが、その後、ニュー・イングランドにおけるタウンシップの観察を通じて、アメリカのデモクラシーについての理解を深めていった。この観察を通じて、トクヴィルはアメリカの市民が、地方自治や陪審、あるいは自発的結社への参加を通じて、無数の政治的経験を重ねていることを知る。人々の見識はトクヴィルを驚かせるほどであった。名もなき一般市民の政治的成熟や、自治を通じて開花するそのエネルギーの総体が、アメリカのデモクラシーの原動力であるという認識こそが、『アメリカのデモクラシー』を貫くライトモチーフになる。仮に首都における職業政治家のレベルが高くないとしても、地域における普通の人々の見識とエネルギーこそがデモクラシーの力であるとすれば、その意義を低く見積もるわけにはいかない。このことはトクヴィルによってきわめて重要な発見であった。

その意味で、トランプ大統領を生み出したポピュリズムの評価もまた、それがはたして人々の政治的成熟やエネルギーにつながっていくかによって計られるべきかもしれない。トランプ現象が単なる不満や不平のはけ口に終わるのか、あるいは善かれ悪しかれ既成の政治システムを変革することにつながるのか。トクヴィル的な視点を持って、現代ポピュリズムの展開を見ていく必要があるだろう。

ポスト・トゥルースとデモクラシー

関連してポスト・トゥルースにも触れておきたい。すでに指摘したように、トクヴィルはデモクラシーの進展に伴って知的な権威が後退するとしたが、その意味からすれば、ポスト・トゥルースの時代とは、その過程がまた一歩進んだことを意味する。

本書でも触れたように、トクヴィルは「知性の健全な枠」について論じている。彼によれば、知的な権威が失われ、すべてが疑われる時代において、むしろ知性には「枠」のようなものが必要である。一定の事柄についてはあえて疑わず、そのようなものとして受け止めた方がむしろ知的な活動にとっても有益である。このように語るトクヴィルの念頭にあったのが、まず何よりも宗教であることも相まって、多くのトクヴィル論者を悩ませてきた論点である。

すべてを疑ってしまえば、何が重要であり、何がそうでないかも判断できなくなる。すべてが相対化され、すべてが信じるに足らなくなったとき、あらゆる人間の思考は流動化してしまう。結果として、人間精神はきわめて不安定な状態に置かれるであろう。それを避けるためには「知性の健全な枠」が必要だとトクヴィルは言うのだが、今日を生きる我々にとって思考の無限の相対化と流動化に歯止めをかけるものがあるとすれば、「客観的な事実」はまさにそのような候補となりうるだろう。

しかしながら、ポスト・トゥルースが言われる今日、何が「客観的な事実」か自明でなくなっている。ある言説が「客観的な事実」であるかどうかは二の次であり、ともかく人々の情念に作用さえすればいいとなれば、すべては「言ったもの勝ち」ということになりかねない。これまで「客観的な事実」を支えたのがジャーナリストという専門職の知的権威であったとすれば、その権威もまた現代において揺らいでいると言わざるをえない。

すでに指摘したように、発信する側に権威のある旧来型のマスメディアに対し、情報のやりとりが双方向的になるSNSの時代において、誰もが情報の発信者になることができる。しかし、そのとき、一体何が「客観的な事実」なのか、それも相対化されることになるならば、すべての言説は浮遊しかねない。多くの人の関心を引きつけ、伝播される情報が、それ自体として力のある言説となるならば、そのとき公共の言論自体の質は何によって担保されるのか。あらためて「知性の健全な枠」というトクヴィルの議論の意味が問われていると言えるだろう。

グローバリズムとトクヴィル

現在のグローバリズムについても、トクヴィル的な視点は光を当ててくれる。トクヴィルはデモクラシーの進展を人類の不可逆の方向性とみなした。もちろん、一九世紀の西欧世界を生きたトクヴィルにとって、その視野はあくまで「キリスト教圏」に限定されていた。しかしながら、人々を分断する想像力の壁が次第に崩壊し、それまで隔てられていた人々が互いを同じ人間として認識するようになるという基本的な方向性は、グローバル化の進む今日、ますますそのリアリティを増しているのではないか。

かつてであれば、先進国に暮らす人々と、発展途上国に暮らす人々とでは、その生活条件が異なるのみならず、相互についての想像力についても壁が存在した。ところが今日、想像力という意味でも、世界の一体化が加速している。インターネットを通じて、人々は、世界各地で人々がどのような暮らしをしているのか、リアルタイムで情報を知ることができる。のみならず、国境を越えた多くの人々が、同じ検索エンジンを使い、同じ動画を見て、同じアプリを利用している。世界各地の生活はかつてない以上に繋がりつつある。想像力の壁で隔てられていた時代に、人々は自分たちの世界の内部で相互を比較し、自らを意味付けていたとすれば、そのような壁が崩れることで、人々の視野は急速に拡大している。

ただし、その際に、世界各地の人々を自分と同じ人間であると認識することが、必ずしも平和と寛容をもたらすわけではないことは、本書でも繰り返し指摘した通りである。相互に同じ人間であると認識した人々はむしろ、「同じ人間なのに、なぜあの人はああで、自分はこうなのか」という比較に苛まれる。互いの境遇の違いに敏感になった人々は、むしろそのような違いの理由を問い、不満やあせりを覚えるのである。このことが平等化し、一体化した世界を突き動かす、良きにつけ悪しきにつけダイナミズムを生み出す情念を生む。このようなトクヴィル的視点は、現代のグローバル化した世界を理解する上でも、重要な視座を提供してくれるだろう。

現代に生きる労働者は、自分たちの雇用や給与水準が、世界のどこに住んでいるのかもわからない他の国の労働者によって影響を受けていることを知っている。企業がより安い賃金で雇用できる労働者を探して海外に拠点を移動する結果、世界各地の労働者はすべて、いわば潜在的なライバルとなる。さらに人々はより良い生活水準を求めて移動していく。単に想像力の上だけでなく、現実にも世界の多様な人々が接触する機会が増えているのである。このことが様々な摩擦を生むことは言うまでもない。トクヴィル的な意味で、世界はより平等化したが、だからと言ってより平和になり、より協調できるようになっているとは限らない。人々相互の間の複雑な感情は、今後もますます世界を動かしていくだろう。

現代世界に対するトクヴィルの処方箋

最後に、現代世界の諸問題に対するトクヴィルの処方箋について考えておきたい。トクヴィルは平等化を中心とするデモクラシーの社会を、その正負の両側面から徹底的に考えようとした思想家である。すべての人間を自分と同じ人間とみなし、特別な人間やその知的権威を認めないことは、デモクラシーの社会の強みであるが、同時にある種の弱みももたらす。そうだとすれば、デモクラシーの肯定的側面を強化し、否定的側面を補うためにどうしたらよいのか。トクヴィルは、デモクラシーを補うべく、あえて非デモクラシー的な要素をそれに接ぎ木することを考えた。

一例をあげれば、平等化社会において、人々の関係は希薄化しがちである。そうだとすれば、そこにあえて地方自治や自発的結社という仕組みを挿入し、その活動を通じて人々が日常的に協働する場を設けるべきではないか。デモクラシー以前の身分制社会において人々の結びつきはある意味で自明であったとすれば、デモクラシーの社会においては、あえてその機会を設けなければならない。かつての身分制的・地域共同体的なつながりを近代的な地方自治の営みに置き換え、かつての中間団体を自発的な結社に置き換えることで、トクヴィルはデモクラシー社会の弱点を補おうとしたのである。

ここまで述べてきた「知性の健全な枠」も同様である。普通に考えれば、知性に枠をかけるものは、過去からの慣習や伝統を含め、時代遅れの偏見とも言えなくはない。そのような偏見を脱して、すべてを自らの理性によって判断し直すことは、まさに近代の啓蒙のプロジェクトであった。これに対しトクヴィルは、すべてが問い直される現代社会においてこそ、一定の歯止めのようなものが必要ではないかと論じた。その意図は、すべてを疑い、すべてを問い直すことで、人間の思考が無限の相対主義に陥り、人間の思考が不安定化することへの懸念であった。あえて思考が自律的であるためには、一定の枠が必要ではないか。このようなトクヴィルの逆説は、現代においてむしろ意味を持つのかもしれない。

ちなみにトクヴィルはその早い晩年、一八四八年の二月革命の後に、憲法制定委員も務めている。その際の彼の問題意識は二院制問題を含め多岐にわたるが、大統領職の再選規定も重要なテーマであった。長きにわたって君主制の伝統を持つ国において、大統領という職はきわめて危険なものになりかねない。多くの野心家がこの職につこうとし、就任後はさらに自らを国王的存在へと持ち上げようとする。かといって、際限のない野心に歯止めをかけようとして大統領の任期を限定したり、再選を禁止したりすれば、独裁化した大統領は束縛を脱するためにクーデタを行うかもしれない。このようなトクヴィルの危惧は、実際にルイ・ナポレオンによって現実化した。

このような懸念に苛まれたトクヴィルは、立憲君主制の意義についても考えている。あらゆる野心の手の届かないところに、あえて思慮ある、中立的な権力を統治機構のトップに据えることはできないか。あえて君主制的なものを利用してでも、不安定な共和国への梃子入れを考えたトクヴィルの思考は興味深い。ここでも非デモクラシー的なものを使いつつ、デモクラシー社会を安定化させようという彼の狙いが見て取れるだろう(1)。

しかしながら、あらためて繰り返すまでもないが、トクヴィルにとって何よりも重要だったのは、平等化の進展が不可逆のものであり、デモクラシー社会をより良いものにしていくほかに道はない、という信念であった。その意味で、君主制は人間の基本的平等に反するものであった。平等化が人類の共通の未来である以上、ありうるのはすべての人が等しく自由になるか、あるいは等しく隷属するかの二者択一しかない。その意味で、「平等な隷属」ではなく、「平等な自由」こそがトクヴィルの最大の信念であった。現代世界が大きく変容するなかで、新たな社会を構想する上での最大の指針が「平等な自由」であることはきわめて重要であろう[2]。

「平等な自由」を最大の理念に、平等と不平等の渦巻く現代社会のダイナミズムをどう読み解き、その諸課題にどう答えていくか。トクヴィルの洞察は二一世紀になってなお、私たちを導く重要な視座となりうる。本書がなお、そのようなトクヴィルの思考への良き導きとなることを願っている。

(1) 宇野重規「デモクラシーと君主制」、水島治郎・君塚直隆編著『現代世界の陛下たち――デモクラシーと王室・皇室』、ミネルヴァ書房、二〇一八年を参照。

(2) 奇しくもロールズの『正義論』における第一原理もまた、「平等な自由」である。ジョン・ロールズ『正義論』改訂版、川本隆・福間聡・神島裕子訳、紀伊國屋書店、二〇一〇年を参照。

[マ行]

[ヤ行]

[ラ行]

[ワ行]

[タ行]

[ナ行]

[ハ行]

索引

[ア行]

[カ行]

[サ行]

本書の原本は、二〇〇七年に小社より刊行されました。

宇野重規（うの　しげき）

1967年，東京都生まれ。東京大学法学部卒業，同大学院法学政治学研究科博士課程修了。博士（法学）。現在，東京大学社会科学研究所教授。専門は政治思想史・政治哲学。主な著書に『デモクラシーを生きる　トクヴィルにおける政治の再発見』（創文社），『政治哲学へ　現代フランスとの対話』（東京大学出版会）がある。

講談社学術文庫

定価はカバーに表示してあります。

トクヴィル
平等《びょうどう》と不平等《ふびょうどう》の理論家《りろんか》

宇野重規《うのしげき》

2019年5月9日　第1刷発行
2025年4月16日　第5刷発行

発行者　篠木和久
発行所　株式会社講談社
東京都文京区音羽 2-12-21 〒112-8001
電話　編集（03）5395-3512
販売（03）5395-5817
業務（03）5395-3615

装　幀　蟹江征治
印　刷　株式会社広済堂ネクスト
製　本　株式会社国宝社
本文データ制作　講談社デジタル製作

ISBN978-4-06-515711-4

「講談社学術文庫」の刊行に当たって

これは、学術をポケットに入れることをモットーとして生まれた文庫である。学術は少年の心を養い、成年の心を満たす。その学術がポケットにはいる形で、万人のものになることは、生涯教育をうたう現代の理想である。

こうした考え方は、学術を巨大な城のように見る世間の常識に反するかもしれない。また、一部の人たちからは、学術の権威をおとすものと非難されるかもしれない。しかし、それはいずれも学術の新しい在り方を解しないものといわざるをえない。

学術は、まず魔術への挑戦から始まった。やがて、いわゆる常識をつぎつぎに改めていった。学術の権威は、幾百年、幾千年にわたる、苦しい戦いの成果である。こうしてきずきあげられた城が、一見して近づきがたいものにうつるのは、そのためである。しかし、学術の権威を、その形の上だけで判断してはならない。その生成のあとをかえりみれば、その根は常に人々の生活の中にあった。学術が大きな力たりうるのはそのためであって、生活をはなれた学術は、どこにもない。

開かれた社会といわれる現代にとって、これはまったく自明である。生活と学術との間に、もし距離があるとすれば、何をおいてもこれを埋めねばならない。もしこの距離が形の上の迷信からきているとすれば、その迷信をうち破らねばならぬ。

学術文庫は、内外の迷信を打破し、学術のために新しい天地をひらく意図をもって生まれた。文庫という小さい形と、学術という壮大な城とが、完全に両立するためには、なおいくらかの時を必要とするであろう。しかし、学術をポケットにした社会が、人間の生活にとってより豊かな社会であることは、たしかである。そうした社会の実現のために、文庫の世界に新しいジャンルを加えることができれば幸いである。

一九七六年六月

野間省一

政治・経済・社会

511

社会主義

マックス・ウェーバー著／濱島《はましま》 朗《あきら》訳・解説

歴史は合理化の過程であるというウェーバーは、マルクスの所有理論に基づく資本主義批判に対して、支配の社会学が欠如していることを指摘し、社会主義の歴史的宿命は官僚制の強大化であると批判する。

730

スモール イズ ビューティフル　人間中心の経済学

E・F・シューマッハー著／小島慶三・酒井 懋《つとむ》訳

一九七三年、著者が本書で警告した石油危機はたちまち現実のものとなった。現代の物質至上主義と科学技術の巨大信仰を痛撃しながら、体制を超えた産業社会の病根を抉った、予言に満ちた知的革新の名著。

873・874

社会分業論（上）（下）

E・デュルケム著／井伊玄太郎訳

機械的連帯から有機的連帯へ。個人と社会との関係において分業の果たす役割を解明し、幸福の増進と分業との相関をふまえ分業の病理を探る。闘争なき人類社会への道を展望するフランス社会学理論の歴史的名著。

1122

世界経済史

中村勝己著

ギリシア・ローマの古代から中世を経て近代に至る東西の経済発達史を解説。とくに資本主義の成立とその後の危機を掘り下げ、激変する世界経済の行方を示す好著。経済の歩みで辿る人類の歴史――刮目の経済史。

1130

昭和恐慌と経済政策

中村隆英著

経済史の泰斗が大不況の真相を具体的に解明。金輸出解禁をきっかけに勃発した昭和恐慌。その背景には井上準之助蔵相の緊縮財政と政党間の対立抗争があった。平成不況の実像をも歴史的に分析した刮目の書。

1207

経済史の理論

J・R・ヒックス著／新保 博・渡辺文夫訳

古代ギリシアの都市国家を分析し、慣習による非市場経済から商人経済が誕生した背景を証明。その後の市場経済の発展と、現代の計画経済との並立を論述した名著。理論経済学の泰斗が説いた独自の経済史論。

政治・経済・社会

1280

アダム・スミス　自由主義とは何か

水田　洋著

自由主義経済の父A・スミスの思想と生涯。英国の資本主義勃興期に「見えざる手」による導きを唱え、経済学の始祖となったA・スミス。その人生と主著『国富論』や『道徳感情論』誕生の背景と思想に迫る。

1425

スモール　イズ　ビューティフル再論

E・F・シューマッハー著／酒井　懋《つとむ》訳

人間中心の経済学を唱えた著者独特の随筆集。ベストセラー『スモール　イズ　ビューティフル』以後に雑誌に発表された論文をまとめたもの。人類にとって本当の幸福とは何かを考察し、物質主義を徹底批判する。

1440

恋愛と贅沢と資本主義

ヴェルナー・ゾンバルト著／金森誠也訳

資本主義はいかなる要因で成立・発展したか。著者はかつてM・ウェーバーと並び称された経済史家。「贅沢こそが資本主義の生みの親の一人であり、人々を贅沢へと向かわせたのは女性」と断じたユニークな論考。電P

1465

プラトンの呪縛

佐々木　毅著

理想国家の提唱者か、全体主義の擁護者か。西欧思想の定立者・プラトンをめぐる論戦を通して、二十世紀の哲学と政治思想の潮流を検証し、現代社会に警鐘を鳴らす注目作。和辻哲郎文化賞、読売論壇賞受賞。電P

1604

現代政治学入門

バーナード・クリック著／添谷育志・金田耕一訳（解説・藤原帰一）

「政治不在」の時代に追究する、政治の根源。政治は何をなしうるか。我々は政治に何をなしうるか。そして政治とは何か。現代社会の基本教養・政治学の最良の入門書として英国で定評を得る一冊、待望の文庫化。

1689

君主論

ニッコロ・マキアヴェッリ著／佐々木　毅全訳注

大文字版

近代政治学の名著を平易に全訳した大文字版。乱世のルネサンス期、フィレンツェの外交官として活躍したマキアヴェッリ。その代表作『君主論』を第一人者が全訳し、権力の獲得と維持、喪失の原因を探る。電P

政治・経済・社会

1700
根井雅弘著
経済学の歴史
スミス以降、経済学を築いた人と思想の全貌。創始者のケネー、スミスからマルクスを経てケインズ、シュンペーター、ガルブレイスに至る十二人の経済学者の生涯と理論を解説。珠玉の思想と哲学を発掘する力作。

電P

1930
青木昌彦著
比較制度分析序説
経済システムの進化と多元性
普遍的な経済システムはありえない。アメリカ型モデルはどう進化していくか。日本はどう「変革」すべきか。制度や企業組織の多元性から経済利益を生み出すための「多様性の経済学」を、第一人者が解説する。
電P

1935
秋元英一著（解説・林　敏彦）
世界大恐慌
1929年に何がおこったか
一九二九年、ニューヨーク株式市場の大暴落から始まった世界的大恐慌。株価は七分の一に下落、銀行倒産六千件、失業者一千万人。難解な専門用語や数式を用いず、庶民の目に映った米国の経済破綻と混乱を再現。
電P

1956
中根千枝著
タテ社会の力学
不朽の日本人論『タテ社会の人間関係』で「タテ社会」というモデルを提示した著者が、全人格的参加、無差別平等主義、儀礼的序列、とりまきの構造等の事例から日本社会のネットワークを描き出した社会学の名著。

電P

1965
藤澤房俊著（解説・武谷なおみ）
シチリア・マフィアの世界
名誉、沈黙、民衆運動、ファシズム……。大土地所有制下、十八世紀に台頭した農村ブルジョア層は、暴力と脅迫でイタリア近・現代政治を支配した。過酷な風土と圧政が育んだ謎の組織の誕生と発展の歴史を辿る。

電P

1997
ヴェルナー・ゾンバルト著／金森誠也訳
戦争と資本主義
軍需による財政拡大は資本形成を促し、武器の近代化は産業の成長をもたらす。戦争なくして資本主義はなかった——。近代軍隊の発生から十八世紀末にかけて、戦争が育んだ資本主義経済の実像を鋭く論究する。

電P

《講談社学術文庫　既刊より》

2027
マハン海上権力論集
麻田貞雄編・訳

国家の繁栄にはシーレーン確保や海軍力増強が重要になる――。二十世紀初頭、列強海軍に多大な影響を与えた「海上権力論」。海の可能性が再び注目される今、大きな示唆に富む独創的海上戦略構想を読みなおす！ 電P

2090
国家と革命
レーニン著／角田安正訳（解説・白井　聡）

世界を震撼させたロシア十月革命の指導者による革命権力マニフェスト。代議制の欺瞞を暴き立て、直接民主主義の徹底を訴えてあらゆる妥協論を弾劾する。原則を忘れたい我々をおびやかす、歴史的挑発の書。

2091
権力と支配
マックス・ウェーバー著／濱嶋　朗訳（解説・橋本　努）

希望はカリスマを生む。だがそれは日常化する――。支配する側よりも、服従する側の動機、正当性のタイプから「支配」の本質に迫るスリリングな論考。官僚制化の必然を感じ取らせる、社会科学の必読入門書。

2100
雇用、利子、お金の一般理論
ジョン・メイナード・ケインズ著／山形浩生訳

なぜ市場は機能しなくなることがあるのか。この問いに正面から挑み、ついにマクロ経済学を誕生させた、この社会科学史上の偉業を正確かつ明快な訳文で。クルーグマンの序文とヒックスの関連重要論文も収録。 電P

2116
政治の教室
橋爪大三郎著

日本人に民主主義は可能なのか？　民主主義を手づくりするには、何からはじめればいいのか？　「民主主義は最高の政治制度である」と唱える社会学者の手による、実践に向けた〈政治〉の教科書、決定版！ 電P

2138
よみがえる古代思想　「哲学と政治」講義Ⅰ
佐々木　毅著

古代ギリシア最大の悪徳「ヒュブリス」とは。ローマの政治家はなぜ哲学を嫌ったのか。「政治と人生」について根源的に考える時、人は古代の思想に立ち戻らざるを得ない。政治学の泰斗が語る「政治の本質」。 電P

政治・経済・社会

2139
佐々木 毅著
宗教と権力の政治 「哲学と政治」講義II
西洋中世を支配した教皇至上主義に、世俗権力はどう対抗したか。「聖」と「俗」の抗争を軸に、トマス・アクィナス、ルター、マキアヴェッリ等、信仰共同体の誕生から宗教改革の政治的帰結までを論じる。 電P

2149
尾藤正英抄訳（解説・高山大毅）
荻生徂徠「政談」
近世日本最大の思想家、徂徠。将軍吉宗の下問に応えて彼が献上した極秘の政策提言書は悪魔的な統治術に満ちていた。反「近代」の構想か。むしろ近代的思惟の萌芽か。今も論争を呼ぶ経世の書を現代語で読む。

2201
新装版
日本国憲法
「人類普遍の原理」を掲げながら、戦後最大の争点でもありつづけた日本国憲法。関連資料として、英訳日本国憲法、大日本帝国憲法、教育基本法、児童憲章、日米安全保障条約を付す。語るために読みたい、憲法。 電P

2206
バルザック著／鹿島 茂訳・解説
役人の生理学
「役人は生きるために俸給が必要で、職場を離れる自由もなく、書類作り以外能力なし」。観察眼が冴え渡る抱腹絶倒のスーパー・エッセイ。バルザック他、フロベール、モーパッサンの「役人文学」三篇も収録する。 電P

2230
根井雅弘著
経済学再入門
スミス、シュンペーター、フリードマン……。「市場」「競争」「均衡」「独占」「失業」「制度」「希少性」……キーワードも再検討する。古典派から現在にいたる多様な経済思想を、歴史的視野から捉え直す入門書。 電P

2236
川崎 修著
ハンナ・アレント
二十世紀思想の十字路と呼ばれたアレントは、全体主義を近代精神の所産として位置づけることで現代の苦境を可視化し、政治の再定義を通じて公共性を可能にする条件を構想した。その思想の全体像を描き出す。 電P

《講談社学術文庫 既刊より》

人生・教育

253
村井　実全訳・解説
アメリカ教育使節団報告書
戦後日本に民主主義を導入した決定的文献。臣民教育を否定し、戦後の我が国の民主主義教育を創出した不朽の原典。本書は、「戦後」を考え、今日の教育問題を考える際の第一級の現代史資料である。

271
夏目漱石著（解説・瀬沼茂樹）
私の個人主義
文豪夏目漱石の、独創的で魅力あふれる講演集。漱石の根本思想である近代個人主義の考え方を述べた表題作を始め、先見の明に満ちた『現代日本の開化』他、『道楽と職業』『中味と形式』『文芸と道徳』を収める。
電P

274～277
佐藤一斎著／川上正光全訳注
言志四録《げんししろく》（一）～（四）
江戸時代後期の林家の儒者、佐藤一斎の語録集。変革期における人間の生き方に関する問題意識で貫かれた本書は、今日なお、精神修養の糧として、また処世の心得として得難き書と言えよう。（全四巻）

442・443
吉田松陰《しょういん》著／近藤啓吾全訳注
講孟箚記《こうもうさっき》（上）（下）
本書は、下田渡海の挙に失敗した松陰が、幽囚の生活の中にあって同囚らに講義した『孟子』各章に対する彼自身の批判感想の筆録で、その片言隻句のうちに、変革者松陰の激烈な熱情が畳み込まれている。

451
宇野哲人《うのてつと》著（序文・宇野精一）
論語新釈
「宇宙第一の書」といわれる『論語』は、人生の知恵を滋味深く語ったイデオロギーに左右されない不滅の古典として、今なお光芒を放つ。本書は、中国哲学の権威が詳述した、近代注釈の先駆書である。

493
下村湖人《こじん》著（解説・永杉喜輔）
論語物語
『論語』を心の書として、物語に構成した書。人間味あふれる孔子と弟子たちが現代に躍り出す光景が、みずみずしい現代語で描かれている。『次郎物語』の著者の筆による、親しみやすい評判の名著である。
電P